JN087118

ファミリービジネスのための産学連携のススメ

坂井貴行・忽那憲治［著］

中央経済社

まえがき

大学との産学連携で新事業の創出にチャレンジしたいと思いませんか

中小企業は、大企業に比べて自社で利用できる経営資源や固有技術に制約があり、研究体制が十分でないことが多いです。このような中小企業において新事業の創出や新製品の開発に取り組むためには、大学などの外部資源の活用は非常に有効な手段といえます。中小企業が大学の持つ優れた技術や設備などを活用すれば、より効果的に新事業の創出や新製品の開発に取り組むことができる可能性があります。もちろん、大学との産学連携が、中小企業の抱える全ての問題を解決できるものではありませんが、大学との産学連携で得られた人的ネットワークや共同研究開発の経験は、中小企業のみなさんにとって大きな財産になります。

中小企業にとって、大学は近寄り難い存在であり、大学との産学連携は敷居が高いと思われがちですが、中小企業庁の調査によれば、大学は、中小企業の「熱意や意思決定の早さなど小回りの利く体制」という点に中小企業との連携のメリットを感じています。また、欧米における中小企業の研究開発に関する調査では、大学との産学連携の効果は、研究開発のための資源を内部に蓄積している大企業よりも中小企業の方が高いという研究結果が報告されています。大企業の場合には、産学連携の成果が研究に留まるケースが少なくないですが、中小企業の場合はその成果が事業に結びつく傾向が高いという報告も数多くされています。すなわち、大学との産学連携は中小企業こそ主役といえる存在なのです。

本書は、大学との産学連携で、新事業の創出や新製品の開発にチャレンジしようとしている中小企業経営者のみなさんのために書かれたものです。８人の中小企業経営者のインタビューを基に、大学との産学連携を行うメリットやデメリット、事業化までの苦労や葛藤、成功ノウハウ、教授を始めとする大学研究者たちとの人間模様が、著者の独自の視点から赤裸々に書かれています。読み進めていただくと、一般的な中小企業の産学連携事例集とは異なり、かなり突っ込んだ内容であることがおわかりいただけると思います。本書に書かれている内容は、新事業創出や新製品開発にチャレンジしようとする中小企業にとって、大いに参考になるものと思います。

筆者のひとりである坂井は、日本の産学連携・技術移転の黎明期である１９９８年から22年以上にわたり、大学と企業の産学連携による技術の事業化プロデュースに関わってきました。これまでに２６００件以上の大学に埋もれた技術シーズを発掘し、そのうち約160件を企業にライセンスし、17件の事業化（製品化）に成功しました。事業化事例のほとんどが中小企業との連携によるプロジェクトです。これらのプロジェクトを通して、中小企業のみなさんから沢山のことを学ばせていただきました。中小企業にとって、産学連携プロジェクトは、ひとつひとつが単なる新事業創出や新製品開発ではなく、笑いあり涙ありの人間ドラマなのです。このような中小企業と大学との産学連携の本当の姿をみなさんに知ってもらいたいという想いで執筆しました。

筆者らは、２０１９年６月から２０２０年７月にかけて、大学との産学連携に取り組む８社にインタビューを行いました。紹介する８人の中小企業経営者は、大学との産学連携で新製品開発や新事業展開に果敢に挑戦し続けている経営者です。また、実際に大学と中小企業の産学連携による事業化をプロデュースした産学連携コーディネータにもインタビューを行い、産と学をコーディネートする秘訣についても掘り下げています。

〈インタビュー対象者〉

1　オタフクホールディングス株式会社・佐々木茂喜氏（２０２０年７月8日）

2　渡辺化学工業株式会社・渡邉路維氏、株式会社ＴＬＯ京都・橋本和彦氏（２０１９年６月7日）

3　株式会社アンミンピロー・髙戸準一氏、株式会社テクノネットワーク四国・矢野慎一氏（２０１９年6月21日）

4　マルノー物産株式会社・河村竜介氏、株式会社テクノネットワーク四国・矢野慎一氏（２０１９年6月21日）

5　圓井繊維機械株式会社・圓井 良氏（２０１９年6月5日）

6　佐々木化学薬品株式会社・佐々木智一氏（２０１９年6月5日）

7　山科精器株式会社・大日常男氏（２０１９年6月5日）

8　株式会社飯塚鉄工所・飯塚 肇氏、株式会社東北テクノアーチ・石山 晃氏（２０１９年8月6日）

※カッコ内はインタビュー実施日

執筆の最中、新型コロナウイルス感染症が世界中に広がり、日本全国を対象とした緊急事態宣言が発令されました。インタビューさせていただいた8社の中小企業に個別に連絡を取ったところ、これらの中小企業は感染症による深刻な影響を受けながらも、従業員を守るために感染症拡大防止対策を実施しつつ、ウイズコロナ、アフターコロナの社会を見据えて、新事業の創出や新製品の開発などの新しい価値創造に果敢に取り組んでいらっしゃる様子がうかがえました。本当に頭が下がる思いです。これらの8社の中小企業のように、突然の外部環境の変化にもしなやかに対応できる中小企業が日本の経済を支えています。本書により、中小企業が大学と産学連携を行う意義を再認識し、連携を始めるきっかけとなることを期待しています。産学連携から新事業や新製品が次から次に生まれて、中小企業の発展に繋がることになれば、筆者としては嬉しく思います。

なお、本書はＪＳＰＳ科研費・基盤研究Ｂ（ＪＰ２０Ｈ０１５３３）「ファミリービジネスのイノベーション活動と地方創生の関連性に関する実証研究」（研究代表者　忽那憲治）の研究成果の一部をまとめたものです。ご多忙の中、長時間のインタビューに応じてくださった企業経営者の方々に感謝申し上げます。最後に、出版をお引き受けいただいた中央経済社代表取締役社長の山本 継氏と学術書編集部編集長の納見伸之氏にお礼を申し上げます。

２０２１年3月

坂井　貴行
忽那　憲治

目　次

CASE2

6代目の若き経営者が大学研究者との長期の信頼関係を構築しながら試薬事業を展開

CASE4

愛媛大学農学部との連携によるミカンの絞りかすと酒かすを飼料に用いた「吟醸 eポーク」の開発

CASE8

有名教授からの一通のメールが産学連携のきっかけ 東北大学との産学連携で最先端技術を獲得

エピローグ　産学連携のススメ

●コラム●

プロローグ　――産学連携で自社にはない経営資源を獲得しよう

1．産学連携でコロナを吹っ飛ばせ

２０１９年12月に中国湖北省武漢市で確認された新型コロナウイルスによる感染症は、瞬く間に世界中に広がり、日本経済にも大きな影響を与えています。２０２１年1月に発表されたNHK・第一生命共同アンケート調査「新型コロナ中小企業への影響」では、約7割の中小企業がコロナ感染拡大前よりも売上が減少したと答えています。特に影響が大きかったのは、宿泊業と飲食サービス業となっていますが、製造業や建設業、卸売業など、中小企業全体にも影響が及んできています。

歴史的にみると、人類と感染症の関わりは古く、人類の歴史は感染症との闘いであったといえます。エジプトのミイラからは痘そう（天然痘）に感染した痕が確認されています。１３４０年から１３５０年にわたって流行したペスト（黒死病）は、中世ヨーロッパにおいて人口の3分の1が死亡したといわれ、この人口減少により、中世封建社会の柱であった荘園制が崩壊し、農奴の解放につながりました。16世紀末に大流行した天然痘では、中南米の免疫をもたない先住民の90％が死亡したといわれ、コルテスのアステカ帝国征服（１５２１年）やピサロのインカ帝国征服（１５３５年）につながったといわれています。また、１８１７年にインドで発症したコレラは、世界中に蔓延し、日本にも１８２２年に入ってきたといわれています。その後江戸から明治時代にかけて何度も流行し、１８５８年の流行では江戸だけで26万人以上の人々が死亡したと考えられています。コレラの世界的流行により、パリでは、公衆衛生法が成立し、欧州各国で下水が整備されるなど、衛生管理や水質管理が大きく進歩する契機となりました。

今回の新型コロナウイルス感染症も、社会変革を加速させるきっかけになることは間違いないでしょう。２０２０年12月に発表された政府の成長戦略会議の実行計画においても、カーボンニュートラル・

脱炭素社会に向けたグリーン成長計画やテレワークの定着による働き方改革、デジタルトランスフォーメーション（ＤＸ）などへの社会変革の促進が掲げられています。また、中小企業に対しても、企業規模の拡大や新分野への展開、業態転換による事業の再構築など、前向きで意欲のある中小企業や中堅企業に、今後積極的な支援が行われていくようです。

このような新たな時代への社会変革に適応し、企業規模の拡大や新分野への展開、業態転換による事業の再構築などへの展開を行っていくためには、イノベーションを生み出すことが不可欠です。中小企業と大学が共同で行う産学連携は、イノベーション創出に向けた有効な手段の一つだといえるでしょう。

2．中小企業にとっての産学連携のメリット

産学連携とは、新技術の研究開発や新事業の創出を目的に、大学や公的研究機関（学）と民間企業（産）が連携することをいいます。大学や公的研究機関の研究成果を民間企業に移転したり、それぞれが持つ知識や技術を融合させたりすることにより、新たな技術の開発や新事業の創出が可能となります。

産学連携は、大企業や一部の中小企業だけが行うものと思われがちですが、実はそうではありません。文部科学省の調査によると、２０１８年度の中小企業と大学の共同研究件数は9,０３１件あり、前年度と比較して約20％伸びています。研究開発費が売上高に占める割合を2.5％以上の群、０％～2.5％未満の群、０％の群に分け、売上高営業利益率との関係を示したところ、研究開発費の売上高比率が高い中小企業のグループほど、営業利益率も高い水準で推移していることが分かりました（**図表１**）。また、中小企業の研究開発の社外連携先は、大学などの高等研究機関が顧客企業に次いで多いことから、中小企業と大学との産学連携による研究開発活動は、営業利益率を向上させる事業に結びつく可能性が高いことが示唆されました。

図表１で、イノベーションに向けて研究開発に積極的に取り組んでいる中小企業は、利益率が高い傾

図表1　中小製造業における研究開発費が売上高に占める割合と営業利益率の推移

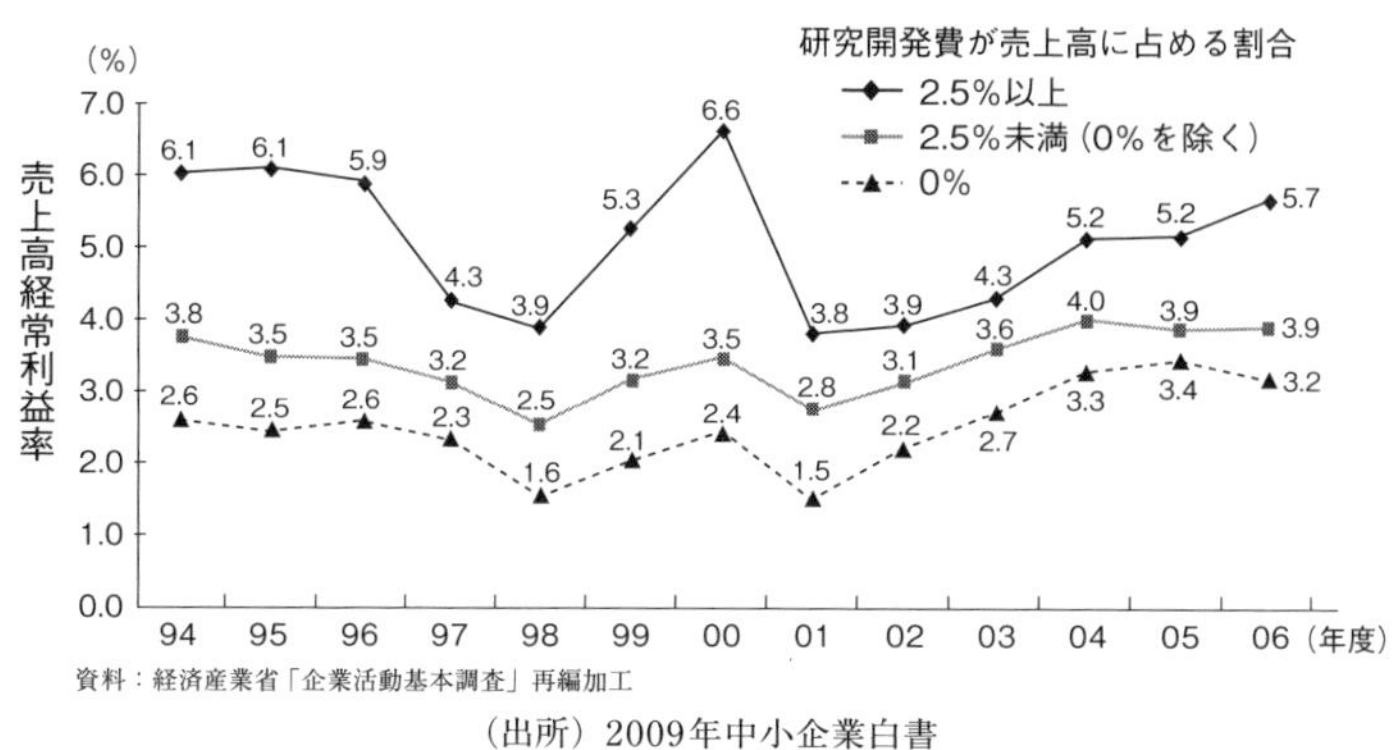

（出所）2009年中小企業白書

図表2　企業規模別の売上高経常利益率の分布

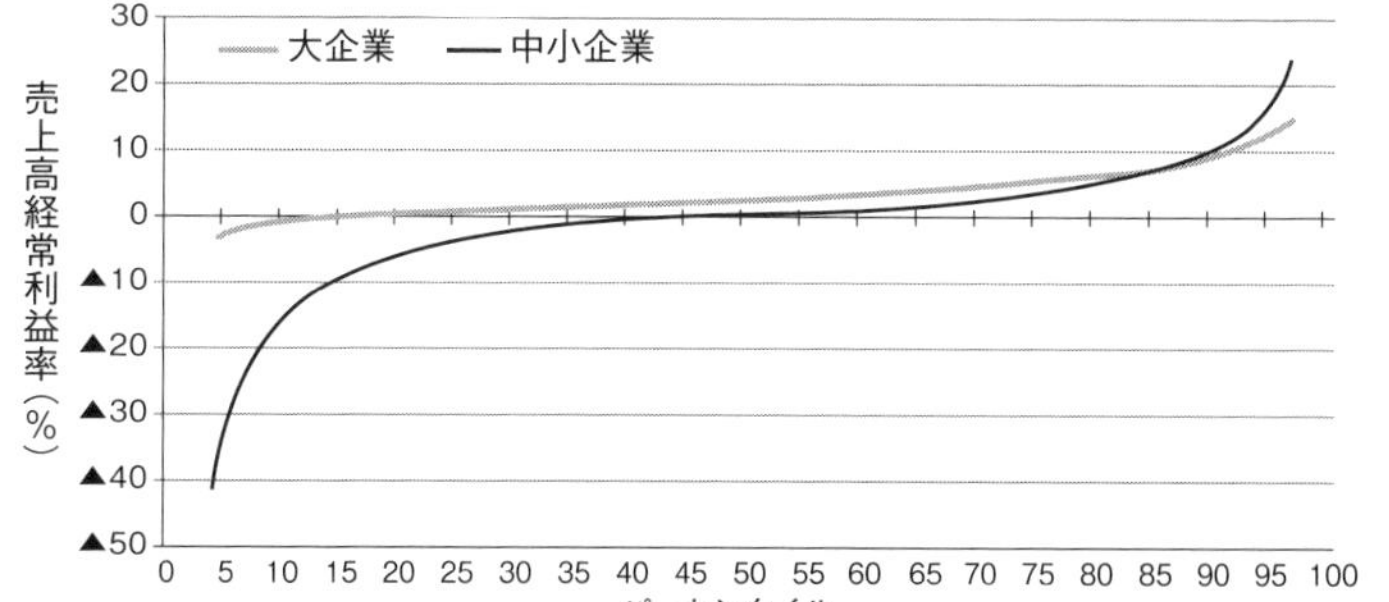

（出所）2009年中小企業白書

向にあることを示しましたが、**図表2**によると、平均では中小企業の経常利益率は大企業よりも低いものの中小企業の上位12％は、経常利益率が大企業よりも上回っています。すなわち、中小企業と大学との産学連携は、営業利益率を向上させ、大企業を超えるパフォーマンスをあげることができる可能性があるといえます。このように中小企業にとっての産学連携のメリットはたくさんあります。

次に、中小企業が大学と産学連携を行うことで、どのようなメリットがあるのでしょうか。２００８年度中小企業白書では、中小企業側のメリットとして、自社の技術レベルの向上、自社新製品の開発の成功、自社の社員の質の向上、自社製品の宣伝効果・信頼の獲得、学生（新卒者）の獲得、特許の取得、自社業務の見直しができたなどが挙げられています。中小企業は、大学と産学連携を行うことで、自社の技術レベルアップだけでなく、社員教育の視点や、新卒人材確保といった人材面など、研究開発面だけではないメリットも享受していることが分かります。

一方、中小企業が大学と産学連携を行う場合の課題として、自社の技術力が不足、機関側のニーズが不明確、投下資金が足りない、自社の人手が不足、有効なマーケティング策がない、事業化まで時間がかかる、相手先にビジネス感覚がないなどが挙げられています。中小企業が大学と連携して、より高い成果を上げていくためには、産学連携自体を目的とするのではなく、あらかじめ市場ニーズを的確につかんでから連携する必要があるでしょう。また、公的資金などで研究開発資金を補いながら、大学の研究者と密接なコミュニケーションをとって、長期的な視点で大学との産学連携を行うことが必要なのではないかと考えられます。

3. 産学連携で新たな価値創造に取り組もう

それでは、中小企業はどのようにして大学との産学連携を始めたらよいのでしょうか。**図表3**は、大学が中小企業と連携する際の仲介者についての調査結果です。中小企業と大学の仲介者として、「大学や研究機関の産学連携窓口のスタッフ」が9割近くの回答があり、次に「金融機関」、「国や自治体・行政関連の支援機関」、「商工会や商工会議所等の地元経済団体」などが続いています。この結果から分かるように、先ずは、大学や研究機関の産学連携窓口のスタッフ、金融機関の方にコンタクトするのがいいでしょう。大学や研究機関、金融機関が実施する産学連携イベントに参加して、産学連携窓口のスタッフにコンタクトするのもいいでしょう。最近では、大学などのホームページも充実してきているので、ホームページのお問合せ機能で、コンタクトしてみるのもいいかもしれません。ホームページなどで大学の研究者の情報をあらかじめ調べておくことも重要です。

図表3　大学が中小企業と連携する際の仲介者

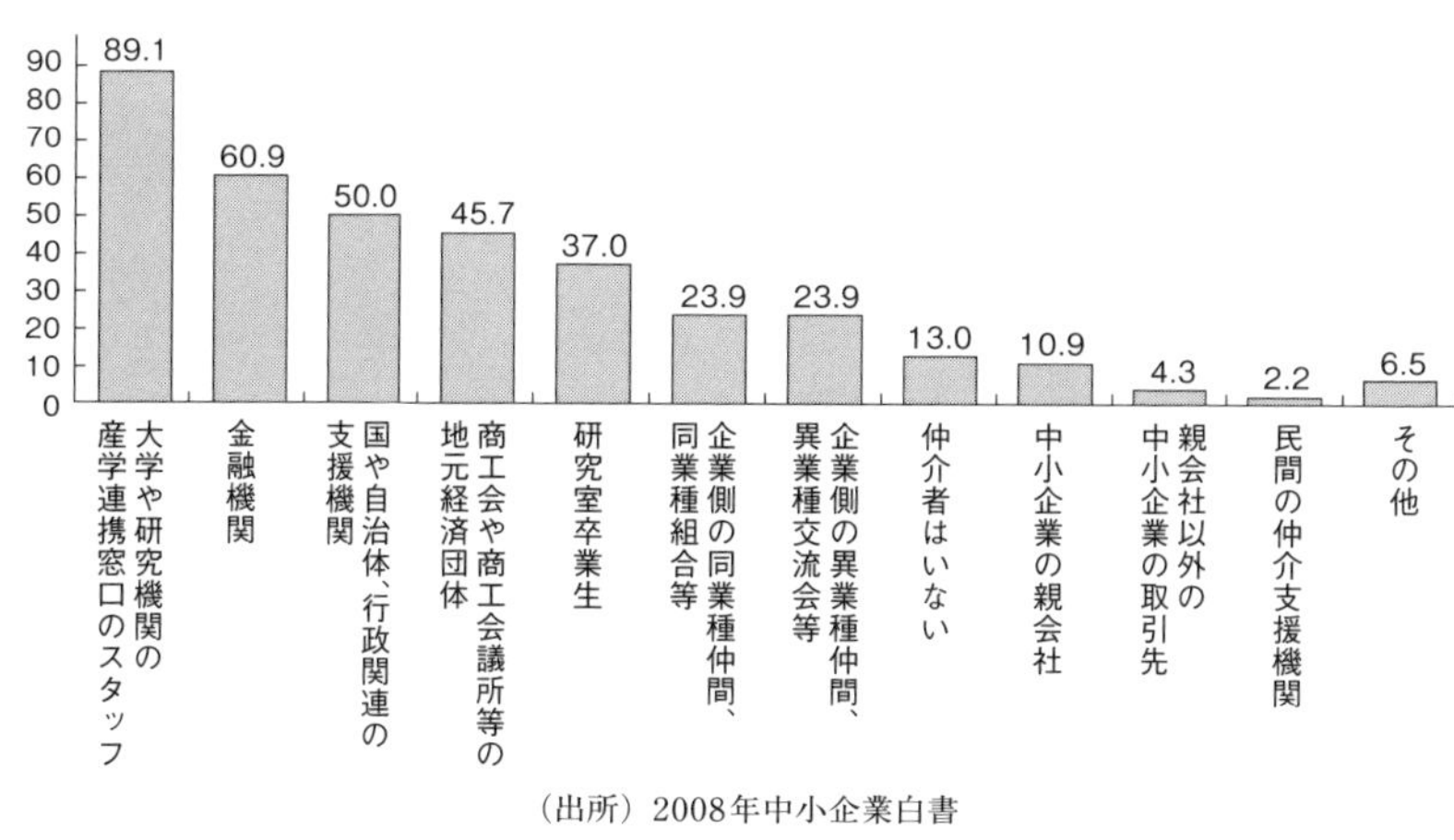

（出所）2008年中小企業白書

〈山本光学株式会社の産学連携事例〉

大阪府東大阪市の山本光学株式会社の事例を見てみましょう。１９１１年創業の山本光学は、光をコントロールする独自技術で、さまざまな眼鏡やレンズを製造販売しています。「見えやすさ」を追究するため、日頃から大学の研究シーズの探索も行っており、近畿大学の技術発表会に参加したところ、色彩工学を専門とされる片山一郎准教授（当時）と出会うことができました。これまでのレンズの性能評価は、熟練者の感覚で行うことが多く、定量的な評価や再現性に課題がありましたが、片山准教授の色の識別性を分析・評価する技術を用いて、試作レンズのデータを分析し、新たなレンズを開発することにつながりました。この産学連携の成果は、「ＵＬＴＲＡ　ＬＥＮＳ」シリーズとしてスポーツ用途や産業用途として展開しています。

この事例では、大学の技術シーズを探索するために、日頃から大学の技術発表会に積極的に参加されていたことが分かります。また自社の技術の強みを把握して、自社には足りない部分を大学との産学連携で獲得しようとされており、この事例は産学連携の好事例です。大学研究者主導で産学連携を行うのではなく、中小企業自らが大学に積極的にコンタクトし、中小企業と大学研究者が対等な立場で、お互いの足りないところを補いながら、連携を進めることが成功の秘訣です。

図表4は、大企業と中小企業によるイノベーションに向けた具体的な取り組みを指標化したものです。これによると、中小企業は、「経営者によ

図表4　イノベーションに向けた具体的な取り組みの実施状況

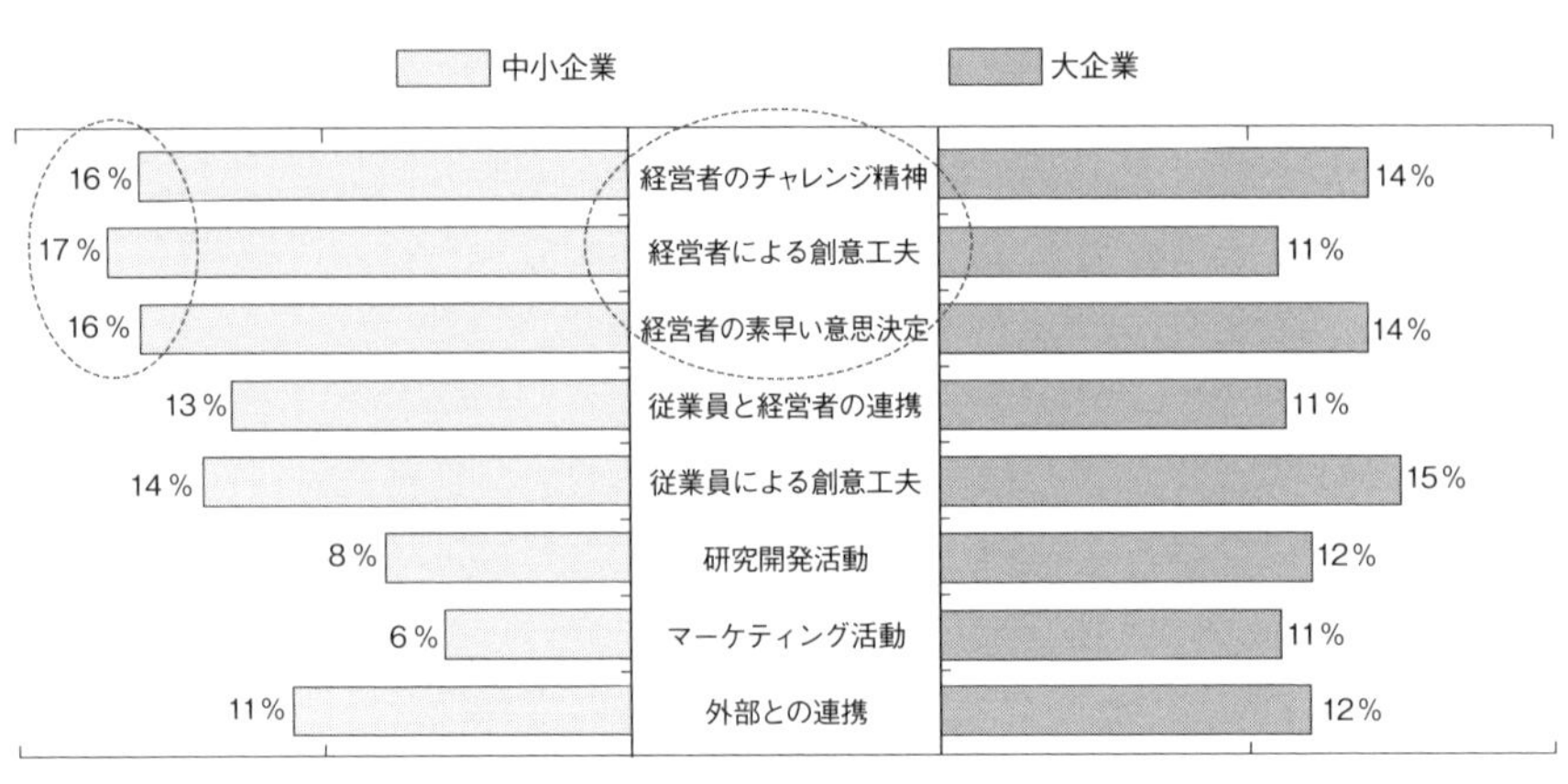

（出所）2009年中小企業白書

る創意工夫」に最も力点を置いており、大企業に比べて「経営者のチャレンジ精神」や「経営者の素早い意思決定」が若干上回っており、経営者の資質やリーダーシップを重視する内容となっています。

著書『経済発展の理論』において、経済学者シュンペーターは、イノベーションの重要性を強調しました。好況期に既存の製品の生産活動に投入されていた労働者等の経営資源が、不況期に入ると生産活動低下により余剰となります。新たな製品の開発に取り組もうと考えている企業家（アントレプレナー）は、不況期に余剰となった経営資源を活用し、経営資源の「新結合」を行うことにより、新たな製品を開発しイノベーションをもたらすのです。

２０２０年度中小企業白書では、新型コロナウイルス感染症の影響が広がる中でも、新製品開発や販路開拓、人材雇用など、新たな価値創造に取り組む中小企業が存在することが記されています。中小企業の経営者は、アントレプレナーとして創意工夫とチャレンジ精神を発揮して、産学連携で大学研究者の知見と「新結合」を行うことで、新たなイノベーションを生み出し、コロナ禍を吹き飛ばしてほしいと思います。

4．中小企業経営者へのインタビューの質問項目

本書では、中小企業の産学連携の実態をつかむため、8社の中小企業経営者にインタビューを行いました。中小企業経営者には、次の7つの質問項目をもとに、自由に話していただきました。本書で取り上げる8つのケース

は、このインタビューに対する回答内容をテーマごとに編集したものです。

質問1 御社の事業について、創業からの歴史を含めて、現在取り組んでいる事業の概要を教えて下さい。また、ご自身の経歴についても教えて下さい。

質問2 大学や研究機関との産学連携をなぜはじめようと考えたのか、それに至るまでの背景や考え、プロセスを教えて下さい。

質問3 大学や研究機関と産学連携を始める前後で、御社にどのような変化や効果（技術・知識の習得、人的ネットワーク、従業員の意識など）があったか教えて下さい。

質問4 大学や研究機関と産学連携を行う中で、どのような点を重視しているか（または重視していたか）を教えて下さい。

質問5 御社の産学連携に関して、産業界と大学・研究機関をマッチングする役割である「産学連携コーディネータ」はどのような役割を果たしましたか。また今後どのような役割を期待されているかについて教えて下さい。

質問6 ファミリービジネスにおける「事業承継」という言葉は受動的な意味合いが強く用いられることが多いですが、良い部分は引き継ぎながらも、新たな領域に積極的にチャレンジする「ベンチャー型事業承継」という視点も注目されています。今後の事業の成長に関して、産学連携という観点から、どのようなお考えをお持ちか教えて下さい。

質問7　最後に、これから産学連携による事業創造を検討しようとしているファミリービジネスの方々にアドバイスがあればお願いします。

本書で記す8つのケースでは、中小企業経営者が行った大学との産学連携での取組内容から、自社経営と産学連携という新事業の狭間で苦悩しながら、自社にはない経営資源を産学連携でどのようにして獲得し、事業転換や異業種への進出を成し遂げたのか、産学連携で得られたものは何だったのか、中小企業の一つひとつのドラマが描かれています。そこには、これから産学連携を始める中小企業経営者の皆さまにとって、参考になることが沢山あると思います。それでは、8社の取組みを見ていきましょう。

【参考文献】


厚生労働省『平成16年度厚生労働白書』第2章，2004年。

アルフレッド・W・クロスビー『ヨーロッパ帝国主義の謎　エコロジーからみた10～20世紀』岩波書店、1998年。

ジャレド・ダイアモンド『銃・病原菌・鉄（上）一万三〇〇〇年にわたる人類史の謎』、草思社、2012年。

見市雅俊『コレラの世界史（新装版）』晶文社、2020年。

Ole J. Benedictow (2008), *The Black Death 1346–1353 : The Complete History*, Boydell & Brewer Ltd.

内閣官房成長戦略会議『実行計画』2020年。

坂井貴行「やさしい経済学」日本経済新聞、2017年。

中小企業庁『2008年度中小企業白書』2008年。

中小企業庁『2009年度中小企業白書』2009年。
中小企業庁『2020年度中小企業白書』2020年。
近畿経済産業局『はじめての産学官金連携ガイドブック』2020年。

産学連携

CASE
1

オタフクホールディングス株式会社　佐々木茂喜（代表取締役社長）

オタフクホールディングス株式会社

代表取締役社長

佐々木 茂喜

ささき　しげき

1982年広島修道大学商学部卒業後オタフクソース入社。製造課課長、大阪支店・東京支店の支店長、生産本部・営業本部の本部長を務め、2005年オタフクソース代表取締役社長に就任。2015年10月より現職。創業者の「一滴一滴に性根を入れて」という信念を受け継ぎ、安全・安心な商品づくりと、お好み焼の文化発信に注力する。
2018-2021年には広島経済同友会・代表幹事も務める。

会社名	オタフクホールディングス株式会社
住所	広島市西区商工センター7丁目4-27
電話番号	082-277-7112
事業内容	お多福グループの事業計画立案・各事業会社の統括管理
従業員数	43人（お多福グループ全体　600人）

【会社紹介（オタフクソース株式会社）】

1922年に酒・醤油の卸小売業「佐々木商店」として創業。1938年に醸造酢、1950年にソースの製造を始めた。お好み焼店のご要望を伺いながら、試行錯誤を重ねて「お好みソース」を開発。酢やソースなどの調味料、そしてお好み焼を通じて、豊かな食生活や団らんの場がうまれることを願い、安心して美味しく食べていただける製品づくりに努めている。食に様々なこだわりや制限のある方にもお好み焼文化を知っていただけるよう、ハラール認証取得製品やベジタリアン向けの製品開発なども行っている。

コーポレートガバナンスとファミリーガバナンスの両立と地元大学との連携による持続的成長の実現

① ミッションやビジョンを現場に落とし込むために「見える化」する組織設計

ミッションやビジョンは、どうしても建前上になってしまいます。それを実務として現場にどう落とし込むかということで、当社はマトリックス型組織を導入しました。「おいしさと安全、安心、健康を提供する食のソリューション企業へ」というテーマを部署にどう落し込むかを考えて導入しました。まず、それまでは商品カテゴリーとしてソース、酢、ケチャップ、たれという本当に単純だったものを、事業部カテゴリーに変えました。次に、それまではピラミッド型の組織で、機能的なものがなかったので、どういった機能が当社にはあるのか、ユニットで「見

オタフクホールディングス株式会社　社屋

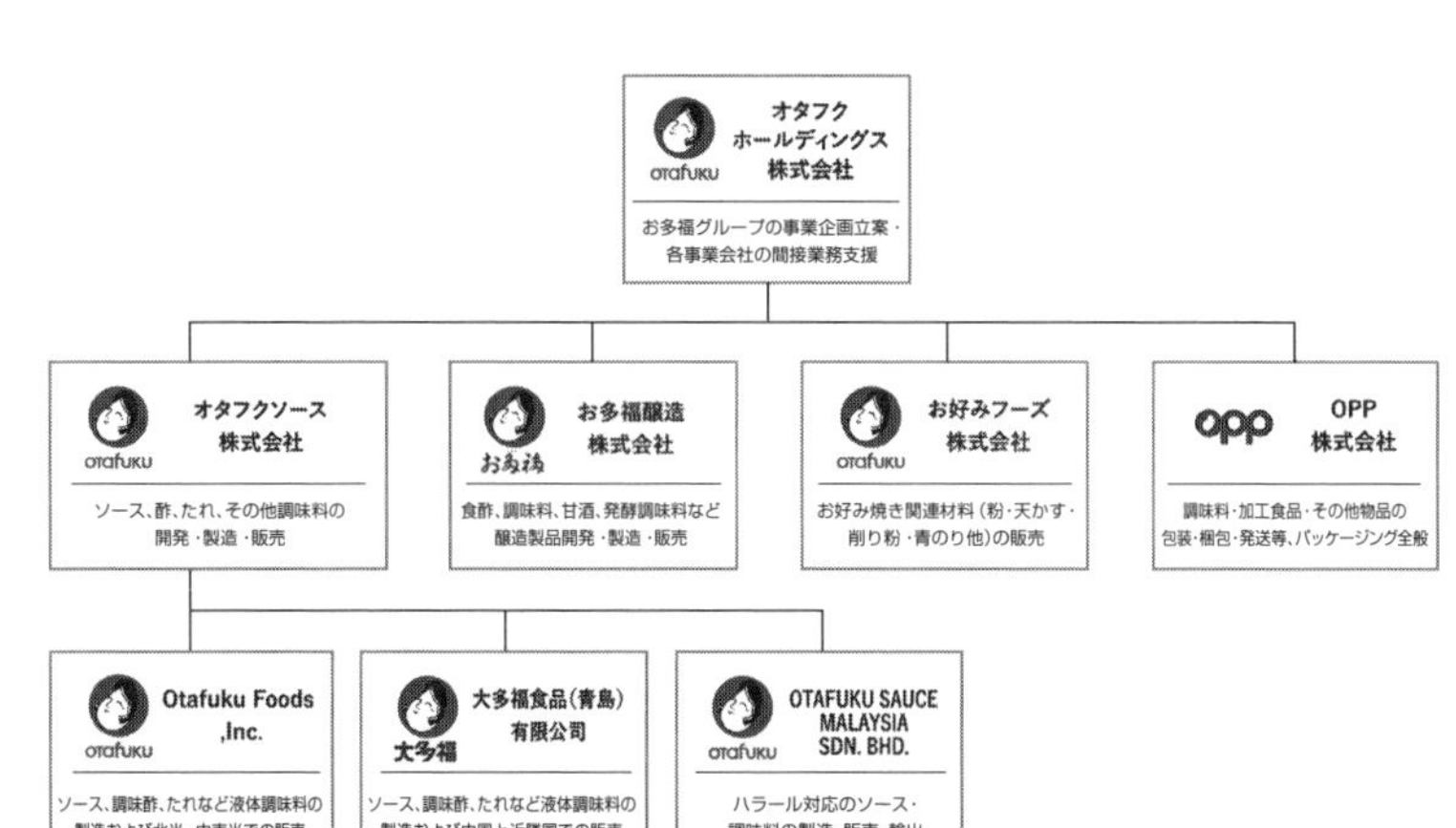

える化」しました。図の横軸にある、本社部門、間接部門、生産部門、物流部門、販売部門です。

縦軸は、家庭用商品、業務用商品、特注商品という商品カテゴリーです。当社はオーダーメイド商品とナショナルブランド商品（レギュラー商品）の両方の事業部を持っています。それも業務用と家庭用で持っています。それぞれが独立かというとそうではなくて、オーダーメイド商品の中にヒントを得て、そこから家庭用のレギュラー商品を作っていきます。お好みソースも元々業務用の特注品だったものを磨き込んで、家庭用に転換しました。BtoBで改良を重ねたものを、家庭用のレギュラー商品に展開していきます。お好みソースも焼そばソースもたこ焼ソースも、全部まずは業務用でプロに磨いてもらった上で家庭用に転換するというのが、当社の商品開発サイクルなのです。ですので、オーダメイド商品では試作開発力を、レギュラー商品ではブランド浸透力を磨かなければいけません。

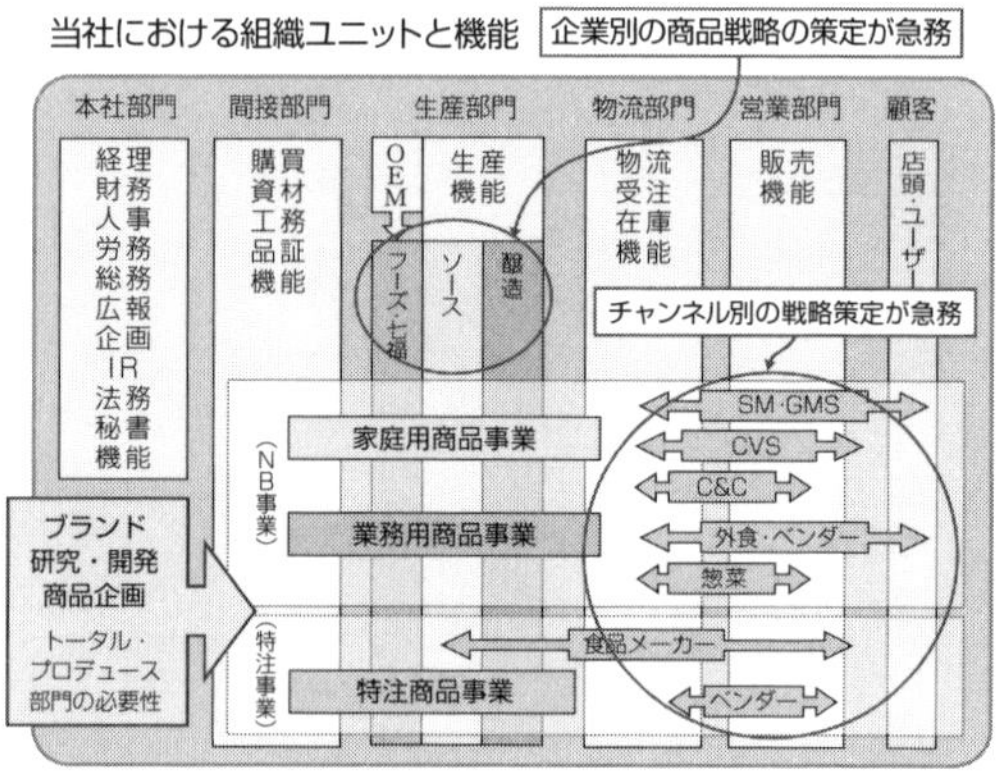

マトリックス型組織をどう織りなしていくか、織りなしたときに何が足りないかと考えたのですが、ブランド、研究開発、商品企画はトータルでプロデュースする必要があります。部分最適はあったが、全体最適というバランスを取る部署がありませんでした。自分はこのポジションにいるのだということを理解しないと、どうしても部分最適となります。自分たちの後行程、前行程には何があるのかということを「見える化」したのがこのマトリックス型組織図なのです。

今までは年次計画はあったのですが、中長期の計画がなかったのです。単年度の予算をどう組むかが中心でした。そうではなくて、自分たちは何のために存在するのか、どこに向かうのか、をミッションとビジョンを明確に見据えてやっていこうと方向を変えたのです。

マトリックス型組織図

② 様々な業種・業態に多様化することでリスク分散を図る

元々は酒と醤油の卸し・小売りから、酢屋になって、ソース屋になったのですが、今は国内に3つの工場と、ほぼ全国に拠点ができましたし、海外では中国（青島）、アメリカ（ロサンゼルス）、マレーシアに工場があります。マレーシアは、ハラール対応の調味料製造ために作りました。最近で言いますと、一番伸び盛りなのは海外だったのです。2年で倍々ゲームぐらいです。ただ、このコロナ禍で、マレーシアはほぼ止まっていますし、アメリカも3割程度の生産しかないです。それでも中国は、昨年対比で1.5倍に増えています。

グループ全体の状況としては国内に4社と海外に3つの工場です。そんなに大きな伸びではないのですが、ずっと右肩上がりで伸びているというのが1つの特徴かと思います。つまり、深刻な経済危機が生じた後でも影響が少ないのです。なぜかというと、業務用と家庭用は50対50だからなのです。この業務用の中にも、飲食店向けや食品メーカー向けがあり、またスーパーの惣菜向けやコンビニエンス向けなど、業種、業態がすごく多様なのです。オーダーメイド商品が２０００アイテムぐらいあります。そうなると、ある面、事業を絞っていたら1つの業界がショックを受けると多大な影響を受けるのですが、当社はある面、「むかで」というか、いろいろなところにアプローチしている分、全体としてはあまり影響がないのです。

リーマンショック時も3・11の時も、今回のコロナ禍においても、4月、5月と本社工場の主力品の製造ラインは24時間稼働をしています。皆さんが家にこもって何をしていたかというと、コロナ以前は簡単便利という夕食の習慣が増える中で、調理の時間をいかに削減するかというものがはやったのですが、今回は一手間とかこだわりとか、手間暇かけることにシフトされました。ですから、当社のお好み焼の材料セットやたこ焼のセットの需要はむしろ急激に高まり、二ケ月程度欠品が続いたほどでした。

これまでのいろいろな経済的なショックに関しては、こういう様々な業種、業態にアプローチしているから、あまり影響がないというのが当社の状況なのです。

③ ソースを売ることよりも、お好み焼の素晴らしさや楽しさを広めることを重視

言い古された言葉ですが、モノを売っているのではなくて、コトを売ってきました。ソースを売ることよりも、お好み焼の素晴らしさや楽しさを広める活動をおこなってきました。スーパーでマネキン販売をしたり、イベントで鉄板を持ち込んで焼いたりと、作り方の普及や食べる機会の提供、促進をしてきました。いまだに年間延べで言

うと、2万店舗ぐらいで試食販売をしています。またお好み焼屋さんだけ集めて、東京、大阪、広島でお好み焼提案会という、情報提供&試食の会をしています。これは20年ぐらい続けています。

東京と広島には鉄板を積み移動できるキッチンカーがあり、いろいろな施設に行っています。お好み焼課という、お好み焼を広めるだけの部隊が広島で10名強います。日々の業務は、お好み焼教室の開催や新たにお好み焼店を始めたい方への開業支援も行っています。また学校を訪問し食育をしたり、大学祭に鉄板を貸し出したり、イベントや催事といった場所で、とにかく何かあれば鉄板を持ち込んでお好み焼を作って提供しています。

移動式のお好み焼の車

お好み焼課の社員

スーパーマーケットの売り場も中華料理やパスタコーナーというメニュー別になりました。当社もソース単品で売るのではなく、カテゴリーとしてお好み焼コーナーを作ろうと、食材を充実し、関連食材の提供をしてきました。また、今から12年前は、なぜ広島でお好み焼がこんなに発展したのかと問われても、学ぶ所、楽しむ所がなかったのです。では作ろうじゃないかと、メセナ活動というのはおこがまし

お好み焼のミュージアム

いですが、お好み焼のミュージアムを作ったわけです。

④ 日本と日本人の良さを生かす経営

私は2005年に社長に就任したのですが、新聞、テレビ、雑誌のヘッドラインは、毎日のように企業の不祥事といった事件、事故ばかりでした。牛乳、肉、お菓子、料亭と、とにかく毎日いろいろな食品関連の企業が不祥事や事故を起こした時期だったのです。そのようなときに社長に就任したものですから、何を基軸に経営すればいいのか考えました。当時、小泉首相がグローバリズム、グローバリゼーションで海外に門戸を開放したのです。TOBも多く、会社は誰の物なのかとか、勝ち組、負け組とかいろいろなことが言われた時代で、本当に模索の時代だったと思います。ただ、1つ思ったのが、70数年前は戦後食べる物もなかった国が、なぜGDP2位まで来たのか。世界における日本を数値でみると、人口で言うと1％程度で、陸地で言うと400分の1しかない。エネルギー自給率なんて1割ないのです。こんな極東の資源のない島国がなぜGDPでここまで成長できたのか。結局何かというと、日本における資源は人材なのです。

日本列島はすごく豊かなのです。暖流、寒流が流れていて、これだけ自然がある国というのは、実は珍しいのです。日本人の特徴というのは、そのことによって磨かれた感性や思いやりやおもてなしの心です。生活に根付いた文化や風習です。庶民から根付いた文化がある国はあまりないのです。欧米は音楽にしろ、芸術にしろ、お金持ちやパトロンが中心になって根付いていています。お稽古ごと、習いごとがあるのは日本ぐらいです。また、それもこんな狭い島国なのに、町々村々でお祭りや食べる生活習慣が本当に多様化していて、地域性や独自性がある国は他にないと思われます。

よく日本人は無宗教だと言われますが、私は世界で一番信仰心の厚い国だと思っています。物や場所にも魂が宿るというのです。他の宗教までもむげにしないから、神様仏様と言う一方で、ハロウィーンとかクリスマスも祝います。

見えない、計れないものへの、価値判断も優れています。義理、恩、縁、絆とか、そういうものへの価値判断能力が優れています。明治維新のときに、それまで鎖国で一切海外の物が入って来なかったにもかかわらず、怒濤のごとく入ってきた維新後にも、それに飲み込まれることなく、それ以上に独自に磨き上げてきた能力です。これは探究心と、もう1つはやはり、あの人のためにこうしたらもっと喜んでもらえるのではないかという利他の心です。これが日本人の特徴です。これを経営に生かすように、どのように取り組んだのかを説明したいと思います。

5 社員の働く環境を優先する

当時、小泉首相の言うグローバルスタンダードの流れの中で、ＩＳＯやＨＡＣＣＰなど、いろいろな海外基準もありました。これについては否定しません。ただ、当社は働く社員の環境を優先しています。人材をいかに活用するかということであれば、こちらも必要です。世界標準で言うと、企業の目的は株価をいかに上げるかとなってしまいます。勝ち組、負け組という点ではわかりやすいですが、日本においては一人勝ちでは絶対に長続きしません。いわゆる近江商人ではないですが、三方良しが重要です。ステイクホルダーを含めて四方八方やらないといけません。当社はメーカーですから効率も追求しますが、手間暇やこだわりが必要です。粉をひくのに石臼をなぜ入れているのか。広島県の中央に位置し、本社工場とは距離のある三原市大和町という、なぜあんな遠い所で酢を作っているのか。やはり手間暇かけ、こだわりを持って、価値を作るためなのです。

当時の小泉首相は、労働業まで派遣を認可しました。労働流動性を高めるというのが当時のはやりだったのですが、当社では熟練度や習熟度、サービス精神を高めるという意味では、あくまでも長く勤めてもらう終身雇用が基本だと考えています。資産、予算本位で事業を新しく起こすときにも、お金があるからとか、物件があるからではなくて、まず人から考えよと言っています。この部門を作るとき、この事業をするときにはどういった人が必要なのか。人件費をコストと見るか、財産と見るか。やはり当社はオーナー系の会社であるからには、社員にいかに多く給料を払うかが、オーナー系以外の会社との一番大きな違いかと思います。当社は9月末決算なのですが、予算以上に出た利益は、当日社員に現金で還元します。現金でというのがいいのです。700人近い社員に、舞台の上から現金を手渡しなのです。これを出すときが、一番社長をやっていて良かったなと思う瞬間なのです。

6 社風と企業文化を重視する

当社は社風と企業文化を重視しています。マニュアル化や標準化も当然突き詰めますが、社員がいかに自主性とか個性を尊重し、自分らしさが出せる機会や福利厚生、教育という時間を作れるか、機会を作れるかということに注力しなければと思っています。

グローバルスタンダードに対して、

当社は日本人の感性と独自性を重視しています。ビジネスにおいては左脳が重宝されましたが、これからは右脳だと思います。今までは右脳というのは、それはおまえの勝手な考えだと、あまり相手にされなかったのですが、これからは社員の肌感覚とか社員の感性といったものをいかに経営に生かすかが重要になってきます。そうなると、法令や規則も当然大事だけれども、ミッション、ビジョンが重要です。

　これまでの日本はコストパフォーマンス優先の国だったと思います。機能的な価値、性能や容量や価格です。でもこれからは情緒的な価値、こだわりや質感やデザインです。すでに当然持っているのですが、当たり前すぎて日本人はそこを価値として見ていないのではないかと思っています。左脳はビジネスによく使われますが、右脳というのは、感覚的、感情的、本能的です。個人の心情とか感性は、会社の中ではあまり活用されなかったのです。左脳は論理的、合理的、客観的だから、規則とかマニュアル、法令に共感するのですが、企業がよく言っている企業理念や社員心得や社風に共感するのは右脳です。それと、分析や解析を突き詰めるのは左脳ですが、グッドアイディアやひらめきや発想を起こすのは右脳です。実際に自分もそうなのです。会議室で発想なんてできないのです。海外とか、大自然の中でひらめきます。これが、今からは必要ではないかと思っています。

　社員には文化系とか体育会系とか、いろいろな人がいます。でもそれが良いとか悪いとかではなくて、その個性をどう活かすか。自分はどこにいるのかということを客観的に見るための表も作っています。

　ブランドというのは、お客さんに見えない所でしっかりと取り組んで、初めて浮かんでくるものだと思います。見える所だけ磨いて作り込んでも、それは砂上の楼閣となります。なぜこれを学んだかというと、実は地元のカープなのです。カープは、給料だけで言うと巨人の6割程度です。感謝デーとか、イベントがあったら餅まきとか、子ども野球教室とか、地道に地元のファン作りをやってきたのです。ブランドを作るより、ファンを作ってきたのです。

　当社も直接のコミュニケーションによってファンを作っていこうと、非効率なことをずっとやっているのです。経営も、バランス、バランスと先代からよく言われたものです。どこで何をもってバランスをとるべきか。例えば、人事・教育のときには公平と平等、生産するときには効率と非効率、マネジメントは仕組みと社風、この辺のバランスだと思っています。

7 社風と企業文化を生み出す独自の社員教育を設計

社員教育も、実は10年前ぐらいまでは、外部に丸投げでした。中小企業大学校からも、日本で一番使ってくれたと表彰されたのです。私も管理後継者コースで1年間缶詰めコースに行きました。でも丸投げということは、結局教育のノウハウが社内に蓄積されないので、10年前に教育大綱をまとめました。階層別にどういう資格でどういう経験が必要かということの基準を作って、それを身に付けるためのキャリア・デベロップメントをまとめました。新入社員研修では、5年目までは階層別教育をします。そこから先は昇格者ということで、階層別に年に4～5回集めて行います。

それにプラスして専門教育を行い、縦軸に示す生産のため、営業のためという内容です。横軸の階層別と縦軸の専門別の目が詰まるほど教育は充実すると思ったのですが、衝撃的だったのが、結局これも目と耳だけの詰め込み知識教育なのです。1カ月、1年経ったら、ほぼ忘れているのです。忘れないためにどうするかと考えたのが、体験型です。4月に入社した新入社員は、キャベツをつくるために、畑を耕して種を植えて、雑草を取って収穫して調理するまでの体験型の研修を7月までしています。

体験型研修　キャベツ栽培

体験型研修　無人島研修

昇格者研修は、シニアクラスになったときに、2泊3日で無人島に研修に行きます。去年まで8年間やりました。隊長は私です。火をつけるマッチもテントを持っていきません。本当にテレビの人気番組「よゐこの無人島0円生活」の「とったど～」の世界をするのです。竹を割って食器を作っ

体験型研修　創藝塾

たり、流木を拾ってきてテントを作ったり。シャワーもなければトイレもコンビニも何もないのです。どれだけ今便利な生活をしているのかを実感することになります。仲間意識がすごく強まることと、ないことを憂えるのではなくて、そこから知恵を出していかに楽しむか。ですが、今年になって社内にリスクマネジメント部を作ったら、リスクマネジメント部から、この研修は全然リスクヘッジされていないのでアウトと言われました。

一般教養のための創藝塾もあります。課長を10人程度集めて、1泊2日で歴史探訪の旅に行きます。これまでに10カ所ぐらい訪問し、高杉晋作をテーマとした萩には3回行きました。共通の本を事前に読んだ上で、萩に行って庄屋や博物館に行きます。高杉晋作は周囲に反対されたから、夜中に松下村塾へ自宅から抜け駆けで行ったのです。そこを実際に歩くのです。150年前にこんな片田舎で、二十歳そこそこの青年が何を考えてここを歩いたのか。萩という小さな田舎町から、何十人の偉人が、わずか10年間で出ています。それは何を意味するかというと、人間というのは環境や影響によって、それだけのことができるのだということなのです。この創藝塾とは、このことを学ぶ旅なのです。日本人がプライドを取り戻そうと思ったら、明治維新から日露戦争ぐらいまでの歴史を探る旅は重要です。

⑧ 社内行事を重視して、社員や社員の家族との親睦を図る

定期的な階層別の会議もしますが、それと同じぐらい当社は社内行事を重視しています。新入社員歓迎のバーベキュー大会や、300人以上の社員とその家族を宮島に招待するファミリーバーベキューなどです。何かにつけて、仕組みと社風を作るために、非日常空間を作ります。社員旅行もそうだし、バーベキューもそうだし、チャーターしたフェリーで海水浴にみんなで行くとかです。非日常空間を共有することを忘れないのです。

さらに大変非効率なのですが、経営方針発表会と社員総会という会で年2回700人の全社員を広島に集めています。時間と経費はかかったとしても、集まることでしか醸成できない雰囲気があるわけです。社員紹介もしますし、社長賞や専務賞など、いろいろな

定量的、定性的な表彰もして、HD社長賞には私と同じグランドセイコーの時計を副賞として渡しています。グランディスタと呼ばれています。

社員旅行、ファミリーバーベキュー、入社式には家族も参加します。入社式には全国ネットのテレビ局が取材に来ていただけることもあります。みんなボロボロ泣くのです。社員からすれば一番のステイクホルダーはやはり家族なのです。親離れ、子離れしない、何て会社だと一時期は非難されることもありましたが、二十数年育ってきて、自分の子がどんな会社でどんな人と働いているのか興味があると思うのです。その理由から入社式が終わった後は会社見学をしていただくようにしています。

最近の取り組みでは、テレビの人気番組の「ダッシュ村」のような清倫館という場所を2年前に作りました。20

方針発表会と社員総会

入社式

清倫館

年間、日曜日のゴールデンタイムになぜあんなに人気があるのか。そこには潜在要求があるのではないかと思って、本社から1時間半ぐらいの山口県の海沿いなのですが、海沿いの1000坪を造成して、土間と囲炉裏とかまどの場所を作りました。これも体験というか、福利厚生と研修を兼ねたもので、必要なものは自分たちで作るのです。

ここに何をしに行くかというと、非日常を一緒に共有するのです。ご飯を炊くのもかまどなので、薪で炊かないといけません。この施設を建てたときの端材を全部取ってあるので、椅子を作ったり、棚を作ったりしています。プライベートの中で、自分がこんなものが欲しいからと想像して作る時間は、あるようでないのです。そんなことをしたことのない人に、仕事でクリエイティブとか企画とか発想といっても無理なのです。こういう環境を作って、自分で発想して、自分で物を作り上げていくのがダッシュ村というか、清倫館という所です。

ビジョンマトリックス2014－2017

各ステークホルダー　テーマ⇒	人口減。少子高齢	健康（予防医療）	ネット社会
生活者	マーケティング&お多福ラボ構想	研究開発 医食同源	SNS・HP・メルマガ 企業ブログの充実
社員	**エンゼルプラン シルバープラン**	健康管理 **社員食堂** 厚生福利の施策	業務の効率化 社内インフラ
得意先様	より細やかな提案 新たな切り口	食提案 機能性の商品	チャンネル適応（通販、DM）
仕入先様	パートナーシップ	トレーサビリティ	パートナーシップ 情報共有
地域社会	**イベント・催事 キャラバン活動**	**料理教室 勉強会**	企業情報の発信 広報
業界	商品・ノベルティ	新カテゴリー	新規取り組み
行政	共同取り組み	法令遵守	共同施策
株主		CRS	

ビジョンマトリックス　2014－2017

⑨ ミッションとビジョンマトリックスを使ってやるべきことを考える

あるときから戦略や戦術という言葉を使うのをやめました。原爆の焼け野原からできた会社なので、戦うという言葉にはどうしても拒絶反応があって、ミッションとビジョンを使っています。自分たちは何のためにいるのか、どこに行くのか。これがあれば方向性が示せると思っています。地域、環境、社会、地球など、これらに対してどう取り組んでいるか。昔は、「お客さまは神様です」と言って、良いものさえ作っていればよかったのですが、今の経営は、四方八方でバランスを取る必要があります。矛盾することもたくさんあるのですが、良かれと思えば、強いなければいけないのです。バランスを取る1点を目指すというか、見つけるのが社長の一番の仕事と思っています。その点は時代によって動くと思います。いろいろな事件を起こして消えていった会社は、このバランスを崩したがために、社会からバッシングを受けたと思っています。

当社ではビジョンマトリックスという手法を使って考えています。縦軸にステイクホルダー、横軸に世の中にどんな問題があるかを置いて、3～4年ごとにテーマを決めて取り組みます。

グルテンフリーお好み焼　プチオコ

豆腐とひじきのエコノミ焼

それも本業の中でやっていきます。最初のころは、食育や地球環境に対してどういう取り組みができるかをみんなで考えていきました。食育に対して当社が出した答えは、「プチオコ」という、お好み焼を小さく焼いて、いろいろトッピングしましょうというものです。混ぜて切って焼いてひっくり返すという、これが当社の食育なのです。そのためにいろいろな販促物を作り、スーパーさんは春休み企画、夏休み企画とか、親子料理教室とか、いろいろなことに取り組みました。

次のテーマは、食料自給率が4割を切った状況なのに、すごく無駄なことをしているという議論になりました。年間で1人50kgぐらい廃棄しているということです。これを何とかできないかということです。アンケートを取ったら、納豆、豆腐、牛乳を一番捨てているというのです。これは、混ぜればおいしいお好み焼になるではないかということで、「エコノミ焼」という発想が出てきました。給料日前の第3金曜日には、1回冷蔵庫の棚卸しをしませんか。余ったものや無駄なものを切って、混ぜてお好み焼にしましょうと、エコノミ焼という企画をし、CMも制作しました。

環境問題に関しても取り組みました。地球人として社会人として、日本人として取り組まなくてはと表現を変えました。それまでは、こういう取り組みは、会社のためとか利益のためと、どこか人ごとだったのが、わがごと意識に表現を変えただけで、返品や廃棄、歩留まりが大きく変わりました。わがごと意識が大事だと思います。

社員食堂も、健康のために社員に向けて何ができるかということで、ヘルシーメニューやカロリーや塩分が計算できるものを作りました。タニタ食堂に対抗して「〇キ（まるき）食堂」と言います。社員の健康のプラスになったと思います。

⑩ 女性にとって長く働きやすい職場づくり

ビジョンマトリックスの次のテーマとなったのが人口減の問題です。人口減に対して、社員に対していろいろなことを行ったのですが、代表的なところではエンゼルプランです。私が社長になったときは500人規模の会社で女性の管理職が2人しかいませんでした。それはなぜかと考えたときに、結婚、出産、育児というハードルがあるからです。当時、「寿退社、おめでとう」、「おめでた退社、おめでとう」と、本当に人がいいから祝って社員を送り出していたのです。人材の流出なのにそれではいけないだろうと、そのハードルをいかに下げるかと作ったのがエンゼルプランです。育児休暇を充実させるために、法定の倍の長さの休暇にして、手当も倍にしました。

究極なのは当社で託児所を作ったことです。２００９年ですから今から10年前です。託児所を作るからお金を貸してくれと銀行に借りに行ったところ、メインバンクの支店長に怒られました。オタフクさんらしくない。どんな環境で、どんな思想の下に、どういう環境で子どもさんを預かるのか、しっかりとした企画書を持ってこいと言われたのです。頭がガーンと来ました。

不思議議の国のアリスをテーマにした託児所

そのときに作ったテーマが不思議の国のアリスです。朝泣き叫ぶ子どもを引っぱがすように子どもを預けるのではなくて、子どもが勝手に走り込んでいくような、そういう環境を作ろうと思いました。だからエントランスもジグザグだし、芝生もでこぼこなのです。四季折々に花が咲くような設計にしました。子どもさんを10数人しか預けていないのですが、遊戯会や運動会をすると、すごい数の人が集まります。1人の子どもに6人付いてくるのです。父さん、母さん、じいちゃん、ばあちゃん、すごいコミュニティになるのです。

それと、手紙を書くようにしています。全部書けないので、宛名とサインだけで、これも自己満足かもしれませんが、子どもさんからお礼の手紙が毎年来て、コミュニケーションの1つと思っています。人事部に当社の社員の出生率を昨年調べさせたら、おかげさまで2.0まで上がっていました。これは政府が10年後に目指している水準を、既に実現できているということです。結婚、出産、育児での退職者が減少することによって、出生率が高まったと思っています。

福利厚生についてもいろいろな手当をつけていたのですが、お仕着せ型でした。「こんなのあるから使いなさい」とか、「こんなのどう」とか。それをやめて、結婚式のカタログギフト「As you like」のように、健康、自己啓発、旅行などのカテゴリーの中から自分が好きなのを選びなさいというセレクトプランに変えました。1人当たり年間500ポイント（5万円相当）預けるのですが、それまでは5割程度しか使われませんでした。セレクトプランにすることによって、8割近くの消化率になりました。このあたりもやはり多様化というか、ダイバーシティなのでしょう。

Wood Egg お好み焼館

こうしたことを行ったおかげで、離職率の業界平均が10％弱程度で、特に女性の離職率が高かったのですが、今ではほぼ3％になってきました。人手不足と言われて、いかに人を雇うかも大事ですが、いかに辞めさせないかも重要です。

ビジョンマトリックスを見て分かるとおり、BSE、狂牛病、鶏インフルエンザとか、食の安全や食に対しての不安があったときに、そこに対してどう取り組むかというテーマを決めます。当社はファン作りをしていこう、しっかりと見てもらった上で評価してもらおうと「Wood Egg お好み焼館」を作りました。以前は年間2000

人程度の見学者でしたが、今は1万８０００人ぐらいとなっています。多くの方に来て、とにかく見ていただいて、安全・安心を感じてもらおうと思っています。

⑪ 長期・持続的な成長を考えたときのファミリーガバナンスの重要性

当社は創業者の祖父から数えて、私が3世代目です。今は4世代目となる私の愚息も6年前に入社していますし、その従兄たちが5人入っています。4代目、5代目となったときにむけて、今やっておかなければならないことは間違いなくあります。事業承継のための決まりと仕組みを、今の3代目のうちに作っておかないといけないと思っています。

創業者には6人の息子と1人の娘の、6男1女がいます。男6人のうちの4人がオタフクソースを継いでいます。私の父とおじ3人が、2代目として順番に社長をしました。3代目の最初の社長は私ですが、5年前にオタフクソースの社長を譲ったのが、私よりも4つ下のいとこの佐々木直義です。２０２０年10月からは直義の弟の孝高が社長に就いています。

こういった現状の中で、２０１１年、つまり今から約10年前に、経済産業省が各地で行ったファミリービジネスセミナーにパネラーとして呼ばれたのです。そこでご縁を頂いて、ファミリービジネスを勉強しようと、ファミリービジネス研究会に入りました。ファミリービジネス研究会のファシリテーターで、大澤真さんという元日銀の支店長さんがいらっしゃいました。大澤さんは、日銀に務めていたのではファミリービジネスの後継者問題や事業承継問題が解消できないと独立して、フィーモ（ＦＥＭＯ）という会社を設立されました。当社がフィーモの最初のクライアントです。

家族や同族の中で、この人が言うならという中立性、存在感、公正さを持った人は、いるようでいないのです。だから当社が最初にコンサルティング契約を結んだ大澤さんのような方が重要です。慶應義塾大学を卒業して日銀に入って、日銀の沖縄支店長などを歴任したというステイタスがあるから、あの人が言うなら間違いないだろうというのも当社においてはあったのです。日銀というブランドです。

毎月オーナー会議にいとこ8人で集まって考えたのですが、毎回大荒れでした。なんでそんなことしなければいけないのか。うまい具合にいっているじゃないかとなるのです。8家から各1人しか出さないようにファミリーの人数に制限を付けようとしたのです。息子が2人いて、オタフクに入って頑張れと子どものころから育てたのにどうするのか。娘2人しかいないのにどうするのか。いとこ8人で意見が分かれたのです。でも、ここでルールを決めておかないと先送りになります。このままだと100年後には佐々木ファミリーの会社になるのです。

大澤さんに、非ファミリーの幹部社員に対して個別インタビューをしてもらいました。「どうせ社長は佐々木なのだから」、「佐々木しか決められないのだから」と、オーナーファミリーとしての耳障りの悪いことがぼろぼろ出てきたのです。それを知ったときに、日ごろ聞いていることと全然違うと、みんな目の色が変わりました。

それで、2013年から1年かけて、佐々木商店というファミリーオフィスを作りました。議論を3年近く重ねて、2015年には家族憲章と家族会を発足しました。当時の私は、ホールディングスとソースの社長を兼務していたのですが、それが終わったのでホールディングスだけに専任して、事業会社の社長を全部自立させて今に至っています。

•佐々木家　家族憲章の成文化

•慣習として人々が了解している事柄や新たに決められた事柄を文章として書き表すこと。

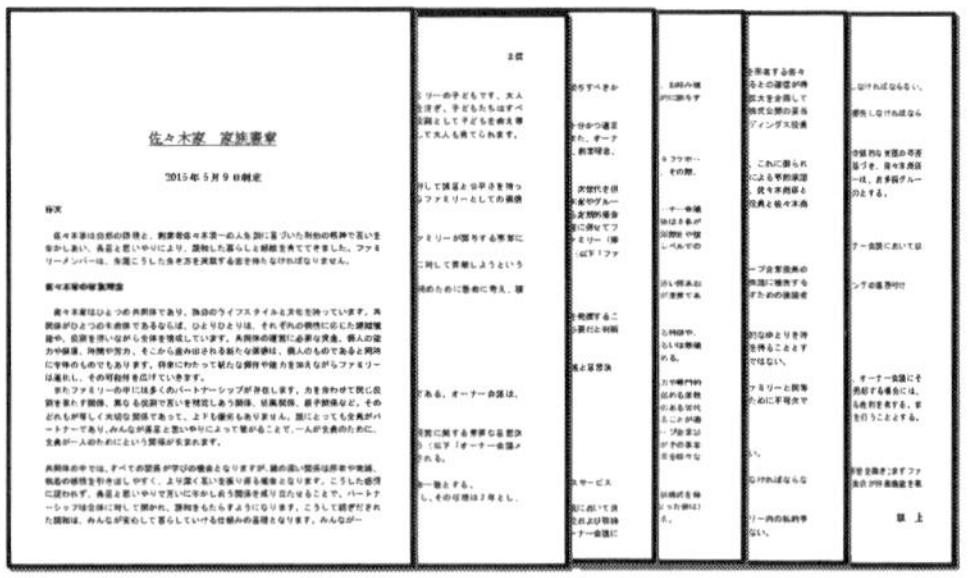

佐々木家　家族憲章

まずは家族の理念と価値観を作ろうと考えました。これがいわゆるファミリーガバナンスです。使命と優先順位です。そして家族憲章の中で、規範と規定も作りました。行動規範、懲罰規定、脱会規定、退職規定です。それを運営するための決まりだけではなくて、仕組みも重要です。家族会、拡大会議、後継者塾、ファミリーオフィスなどです。優先順位は、お客さまが第1、社員が第2、社会が第3、最後に株主という優先順位です。3年かけて家族憲章を作って、成文化しました。

2015年に作って5年以上が経ちましたので、現在改定中です。この改定は何が趣旨かというと、最初の家族憲章は、いとこ8人が理解できたらよかったのです。でもこれからは、4代目や5代目が見て理解できなければいけないので、表現を容易にしました。子どもが見ても、小学生や中学生が見ても分かりやすい表現にということで、かなり簡易な表現に変えました。価値観も行動規範も磨いて、分かりやすい表現にしました。

外部から見たら短期間でよくできた

と言われるのですが、先代や先々代が、「元元本本（げんげんほんほん）」という創業者の話や、「ふくがたり」という2代目の話を残してくれていて、社員の研修や教育のために作ってくれていたのです。

佐々木家においては、盆と正月は必ず一族が集まるという鉄の掟があります。57年前からあって、昔の写真には創業者と3歳の私が写っています。いまだに盆と正月は全員集まります。山口県の大島にサザンセトという海沿いのホテルがあって、25年間連続で同じ所にみんなで集まっています。非日常空間をいかに共有するかであり、この土台があったからこそ、短時間でできました。本当に仲がいいのですが、当然意見の対立もあります。しかし、意見の対立がなかったら裸の王様になるし、経営を間違えます。こうやって集ることでの非日常空間は、社員だけではなくて、ファミリーにおいても意識的に作っています。

佐々木家の集まり

⑫ 地方銀行に期待する バトラー機能を持った金融

日本でも海外のバトラー（執事）のような機能を、人としても組織としても提供していく必要があります。それを銀行にしてもらいたいと思っています。広島銀行の社内研修で1時間ほど話したときは土曜日の午前中で自主参加だったのですが、300人ぐらいの参加がありました。やはり問題意識が高いのでしょうね。そこで最後に言ったのは、地元のナンバーワンの地方銀行であれば、「じゃあ広銀さんが言うのだったらしょうがないね」というブランドとステイタスを持っていますか、ということです。同族間のまとめ役になるという役割です。同族だけ家族だけだと、「誰が言った」となるのですが、長年面倒見てくれた広銀さんのそういう組織の人が言うのだったらと、みんなが溜飲下げるぐらいのブランドとステイタスを持つべきですよという話をしたのです。

それを税理士さんがすると、どうしても単なる相続、節税の話にしかならないのです。銀行マンならそれができるのではないか。その代わり、スイスで言うプライベートバンカーのような役割にならないといけません。3年程度で人事のローテーションで交代するのではなくて、長い年月をかけて人をそこに据え付けないと無理ですよという話もしたのです。

銀行も金利だけの商売では立ちゆかなくなると思います。それでは何をすべきか。広島のような事業家が多い所においては、バトラー機能を持った金融なのです。そこにビジネスチャンスがあるのではないかと思います。ありがちな金融は、どこか売り先を見つけてきましょうかみたいなM&Aの話ばかりをすぐ言うのですが、それではダメです。

⑬ 佐々木家の平等と公平の事業承継ルール

オーナー経営者は、オーナーシップ、リーダーシップ、パートナーシップを自分が全て持っていると勘違いしてしまうのですが、実は持っていません。持たなければいけないのはオーナーシップだけです。リーダーシップが取れなかったら、番頭さんを付ければいいし、パートナーシップが取れなかったら、宴会部長を作ればいい。ないことを自覚することから始めないと、バランスを崩してしまいます。ただオーナーシップとは何かと考えたときに、これは所有することではなくて、私が思っている今の答えは、社内で起こったことすべてに対する自責と自発です。自責と自発の覚悟があるかないか。人のせいにして逃げたりしては絶対にいけないと思っています。

佐々木家のルールがあります。株は8家が均等です。佐々木家が7家や9家だったら割り切れないので8家でよかったです。ルールは、平等と公平です。いとこ8人、各家から1人しか出さないという平等です。基本給も一緒です。ただ役職給は、企業規模や部下数で付加しています。退職金も経営者保険に入って平等です。一般社員にもありますが、業績考課分は付けています。だから平等プラス公平です。

65歳で現役を退いて、元気なうちは顧問や相談役に就くこともできます。引退した後に生活がどうなるかという不安がもめる元ですから、退職金と退職後の支援の部分で、もめない仕組みを作ったつもりです。年4回の家族会が大事ですが、多数決では絶対に決めません。それをすると後で遺恨を残します。多数決は簡単ですが、全員が納得するまで議論します。各事業会社は、同族役員は半数以下に3年前からしています。後継者は世間が決めるというルールも決めました。会社の中で何を変えたか、何を始めたか、誰を育てたかによって、みんなで決めるルールにしました。

私の経験からですが、あいさつが一番大事です。私の席の横には会長の席があります。横並びです。私は7時半ぐらいに会社に来ていますが、会長は大体9時に来られます。来られたら私は必ず席を立って、必ず頭を下げて「おはようございます」と挨拶します。それを誰が見ているかというと、社員です。

事業承継は7勝8敗理論です。少し負け越した上で、次にバトンタッチする。私はここまでしかできなかったけど、後は頼むねと。やりがちなのは、「わしがここまでしてやったんじゃけん、おまえちゃんとせえよ」と。これをやると、お互いが意識し合ってダメです。少し負け越して次に渡すことが大事です。自分を殺すことはなかなかできないので、これが事業承継の一番難しいところと思っています。負け越すことが人としてなかなかできないのです。

「嫁心得」も作ろうと思っています。これからファミリーに嫁が入ってきたときに、ノブレス・オブリージュ（高貴なる者の果たすべき義務）が要るのです。株を8等分するために、自分の息子にいくのではなくて、次の代に8等分にするようにと考えないといけません。3代目は全員、公正証書、いわゆる遺言を書いています。家系図も作っています。古いものはあったのですが、いま一度きちんとしたものを作ろうと、外部の会社に頼んでいます。家系図を作って過去のことも理解して、共有しないと難しいと思っています。毎月集って後継者の育成講座も重要です。最後に、究極の環境整備ですが、当家の墓所には創業者がいて、2代目、3代目から先まで墓が決まっています。何が言いたいかというと、「現世でこまいことでもめても、どうせおまえらここへ入るんじゃけぇ、もめるな」という環境整備なのです。

⑭ 広島という地域の特徴と独自性

広島は特異な地域です。人口で言うと福岡、北海道は500万人を超えていますが、広島県は280万人、宮城県は230万人です。でも、全国展開、世界展開している企業がダントツ多いのは広島県です。マツダをはじめ、モルテン、ミカサ、ダイソーもそうです。カルビーも元々広島です。アンデルセン（タカキベーカリー）もそうです。サタケも世界的な精米機メーカーです。広島は75年前に世界で一番悲惨な目に遭っているのですが、全国展開している企業がこれだけ多いのです。

１９４７年にＧＨＱが見守る中で、反対されながら平和宣言が行われました。そのときに市長は「もって新しい文明へのさきがけとなることでなければならない」と平和宣言されたのです。この言葉から広島の復興が始まったと私は思っているのです。間違いなくここから広島の産業界は始まっています。これは仮説ですが、地政学的なところで言うと、砂鉄や複雑な島嶼部の存在によって、たたら製鉄がありました。広島の北部には、刀鍛冶が多かったのです。江田島にしろ、呉にしろ、地政学的なことで造船所や軍港ができました。

カープの給料はジャイアンツのそれの約6割です。サンフレッチェ広島もそこそこ頑張っているし、広島の謎って何かあるのです。芸能人も福岡に次いで多いのです。ロックの神様でいえば矢沢永吉です。フォークの神様でいえば吉田拓郎です。奥田民生はじめ、いっぱいいるのです。西城秀樹も吉川晃司もそうです。広島はたった人口280万人なのに、何か特異性があるのです。

そこにはもしかしたら産官学の中の、学の影響もあるのかもしれません。広島大学でしょうね。昔はもっと言うと、呉の造船所や海軍兵学校です。船を造る技術もそうだし、船に乗せる食品加工などです。日持ちする加工食品で、缶詰やふりかけが出てきました。ふりかけも、三島食品の「ゆかり」や田中食品の「旅行の友」も広島です。歴史的な地政学的な背景もあるのです。当社が酢を作り始めたのもまさにそうで、船に乗せるためにというのが始まりです。

広島の強さの1つは、ちょうどいい規模感です。広島市は100万人ですが、田舎なのです。友だちの友だちで大体つながります。このちょうどいい規模感というのが、カープをあそこまで押し上げたり、みんなの連携やネットワークを生み出します。「ちょっと応援してやろうか」とか、「だったらこのところ行ってみんさいや」みたいな縁とか、ちょうどいい規模感なのが広島の強さかなと思うのです。

広島人は結構すごいことをやっていて、ある面アピールすべきだと思うのですが、広島人は大きく吹かないのが普通です。ボールの二大メーカーのミカサとモルテンが、楠木と横川という町にあり、本当に小さな町で隣町です。針屋さんも多くて、シェアが高いです。地政学的な部分と歴史学的な部分があると思いますが、平地がとても少ないので次男坊、三男坊は食えないから、みんな海外に目を向けました。北海道の北広島市も広島の移民の町です。

県民性は浄土真宗からも来ていると思います。浄土真宗は子どもを間引かないのです。だから次男坊、三男坊がたくさんいるのですが、平地が狭いから結局移住することになります。そこから何が生まれたかというと、加工技術、航海術、外向性、機動性です。あとは郷土愛と仲間意識です。外に出るのだけれども、広島県人はまとまって、東京の県人会は毎年２５００人集り日本で一番大きいのです。イノベーションは、僻地と言ったら怒られますが、薩長や土佐は九州や四国の端っこですよね。

⑮ 広島の企業として広島の大学と産学連携を展開する

広島の大学との産学連携は増えてきています。広島大学が数年前で、広島経済大学は去年提携しました。広島修道大学は今年からです。地元広島の私立大学は、地元で活躍する人材を育成することを明確に方針で打ち出しました。広島修道大学や広島経済大学は、地元の人材を育成するという面では、学生の送り出し先を明確に地元の企業にロックオンしているのです。そうなってきたときに、地元の企業はどういう人間が欲しいのかが重要になります。

包括的提携をして、お互いが定期的に会った上で、テーマの擦り合わせをしています。広島大学とは中国との連携も多いです。中国にイベントでお好み焼を焼きに行って、広島の食文化をもっと知らしめたいみたいな活動もしています。また、広島大学は留学生が多くて、一定数のイスラム教徒の学生がいます。この学生に向けてお好み焼を開発してくれないかというので、学生と当社がこのプロジェクトに取り組み、ハラール対応のお好み焼やメニューの開発を行いました。研究室で共同開発、共同研究という本筋もありますが、学生のための福利厚生の一環でお好み焼を焼くというイベントもあります。お互いが持てる資源をいろいろ出し合って、研究や学術面だけではなく、サービスや福利厚生のイベントま

大学での留学生交流のお好み焼イベント

でしています。本業の研究だけでは関われるのが一部の人間なのです。ところが、イベントの企画や、福利厚生、メニュー開発となると、みんなを巻き込むのです。

広島経済大学に細井教授という、新潟出身のマーケティングが専門の先生がいます。広島に赴任したときに、「なんだ、この広島のお好み焼の文化は」と思ったようです。私たちは当たり前と思っているのですが、県内に１６００店舗、市内に700店舗もあるのです。コンビニより多くあるのです。お好み焼屋さんがこれだけありながら、みんな生きているのです。よく見ると、ちょっとずつ焼き方やメニューが違うのです。広島におけるお好み焼は研究していくべき課題だと、細井先生はお好み焼博士になってしまったのです。定期的にテレビに出て、年間300枚ぐらい食べているのです。ブログとフェイスブックにずっと上げ続けています。私はお好み焼アカデミーを５年前に作って理事長をしているのですが、細井先生に顧問になってもらったのです。細井先生は、自他共に認めるお好み焼博士です。テレビやマスコミにどんどんお好み焼博士として出るようになりました。それだけ露出度が高いのだったら、オタフクさんともしっかりと取り組もうよとなって、細井先生を中心に広島経済大学と提携しました。

産学連携で１つ気をつけないといけないのは学閥です。広島大学と研究開発を行ったとき、研究室にも研究所にもいろいろな大学の者がいたのですが、テレビでもそこだけが脚光を浴びて取り上げられたりしたのです。地元ではそれは気をつけないといけないと思いました。ある意味でデメリットの部分です。一方、メリットの部分は、広島大学からどんどん当社に入ってくるようになったことです。先ほど言ったイベントで、ハラールのお好み焼フェアをすると、確かにイスラム教徒の学生も来ますが、やはり日本の学生も多く来るのです。そうすると当社に対する親近感とか知名度は間違いなく上がるのです。

私は大学の諮問委員会などに年に１回出たりもします。広島修道大学には母校だけにそういった役目もあるのです。一気通貫でどういう社会人、人材を育てるかということですが、まだまだ部分最適です。でも、地元の大学はそこを目指そうとしています。特に広島経済大学と広島修道大学の私立大学は、地元企業はどんな人材を必要としているかを考えています。

16 お好み焼に関連する様々な新製品開発へのチャレンジ

ソースは会社の一番の柱ですが、関

連食材でお好みフーズという会社があります。そこは天かすや青のり、お好み焼のセット、業務用の粉など、いわゆるお好み焼に関する関連食材を手がけている会社であり、一番伸びています。コロナ禍での外出自粛で、お好み焼のセットが4月、5月は200%から250%伸びているのです。天かすも元々は業務用から始めて、お好み焼屋さん向けに専用の天かすを作ったのです。それまでの天かすは、油が酸化したり、日持ちが悪かったりと問題が多かったのです。研究を重ねて、今は常温で半年持つ天かすが添加物なしでできます。「天華」というのですが、これをまずは業務用で磨いた上で、小さなパックにして今は家庭用でも売っているのです。実はこの天かすが、当社の売り上げランキングで言うと3番目です。1番がお好みソースで、2番がお好み焼こだわりセット、3番目が天かすです。

いか天入り天かす　天華

当社はキャベツの種にも関わっています。キャベツは、静岡県磐田市にある増田採種場という、キャベツの種を作っている会社と10年前から提携して、お好み焼に合うキャベツは何かを追究して品種改良した種ができました。それを今は地元の農事法人に協力いただき、栽培をしています。また、お好み焼に合う卵はどんな卵なのか。卵は肥料によって色とか大きさとか大きく変わります。広島に八昌というお好み焼店があり、そこの卵は黄身が2個入っています。つまり八昌は二子玉なのです。お好み焼には黄身が多く、大きい卵が合うのです。仕上げるのに、へらで黄身と白身を均一になるようにバランス取っているでしょう。

粉も日清製粉やニップンさんなどの大手企業と取引がありますが、お好み焼に合う粉の研究を本気でしているのは当社だけではないでしょうか。鉄板の厚みとか、混ぜて何分とか、溶く水の温度などによって違うのです。特に関西風は、時間が経つとべちゃっとしてしまいます。本当においしい、パリッと、とろっとを作るのには、粉を混ぜて時間を置かず、グルテンを出さない必要があります。天ぷらなどでも氷水で溶いたらカリッとするでしょ。あれと同じ原理で、お好み焼きをカリッとパリッとしようと思ったらどうすればいいのかという研究は、大手企業はしません。お好み焼、たこ焼なんて粉市場全体から見た量としてはわずかです。グルテンフリーのお好み焼もありません。当社は米粉のお好み焼も作っています。小麦アレルギーのお子さんがたくさんいるのです。アレルギーフリーのソースも作っています。

ソースについての1本柱がだいぶんできたのですが、私からしたらまだまだです。香辛料の抽出の仕方も、石臼ですればおいしいけど、他でやったら香りがたちません。せっかくたった香りが逃げてしまうのです。それをどう封じ込めるか。まだまだソースにおいても突き詰めることはたくさんあるのです。

既に紹介したように、5年前にWill Eggという研究棟を作りました。そこは研究室、商品開発、マーケティングなどのクリエイティブな部門だけ集めた3階建てのビルです。環境整備をしたので、自由に発想していろいろなものを作れと言うのですが、なかなか出てこないです。そこはやはり大学と組んだ方がいいですね。外からの刺激がないとダメです。その中の2人の社員は広島大学に行って、研究室に入って頑張ってくれているのですが、やはり2人では弱いです。

今回のコロナ禍で、社内失業者が多分かなり出ると思います。在宅勤務でできることを実行に移したら、会社は今の3分の1とか、半分ぐらいでできると思うのです。今回のテレワークや在宅勤務の中で、要らない仕事を全部捨てたら人間が余るのです。この余った人間をどこに持っていこうかと考えたときに、私は研究開発だと思うのです。コロナによって、社内における業務の構成比率や社員の構成比率が変わるような気がするのです。営業もテレワークでお客さまの所に行けないですが、一番のマーケティングは、営業マンが行かなくても物が売れる仕組みづくりをどう作るかです。様々なところに今後もチャレンジしていければと思っています。

コラム

ファミリービジネスにおける両利きの経営の実践

ファミリービジネスにとっても，両利きの経営という考え方が重要性を増しています。チャールズ・A・オライリー，マイケル・L・タッシュマン著『両利きの経営　「二兎を追う」戦略が未来を切り拓く』東洋経済新報社（2019年）には，Exploitation（知の深化）とExploration（知の探索）の２つのキーワードがあります。知の深化は，自身･自社の持つ一定分野の知を継続して深掘りし，磨き込んでいく行為です。一方，知の探索は，自身・自社の既存の認知の範囲を超えて，遠くに認知を広げていこうとする行為です。

そして，この両者の行為を実践，つまり両利きの経営が行えている企業ほど，イノベーションが持続的に生まれ，パフォーマンスが高くなる傾向にあります。知の深化に偏り，知の探索に取り組まない企業は，環境の変化に直面したときに破綻する可能性が大きいと著者たちは指摘しています。イノベーションが枯渇して，既存事業で成功したがゆえの罠（サクセストラップ）にかかってしまいます。こうしたサクセストラップは，伝統のある優良な企業ほど脆弱です。

両利きの経営に成功する企業の共通点について，著者たちは以下の５つを挙げています。ファミリービジネスにおける両利きの経営の実践という文脈の中で，彼らの５つの指摘を（　　）内の表現に置き換えれば，ファミリービジネスの今後の経営のあり方，現在の経営者とアトツギとの役割分担と関係性を考えるうえでの示唆を提供しているといえます。

①　探索ユニットを大組織（ファミリービジネス本体）から分離させる。

②　探索ユニットが大組織（ファミリービジネス本体）の資産を活用できる。

③　探索ユニットが，深化ユニット（ファミリービジネス本体）で学んだことを競争優位につなげる形で活かせる。

④　上位層（ファミリービジネスの経営者）が支援する。

⑤　新規事業と成熟事業の間のインターフェイスを管理して，対立（両者を担うファミリービジネスのアトツギと経営者の間）を解決する。

CASE
2

渡辺化学工業株式会社 渡邉路維（代表取締役社長）×
株式会社TLO京都 橋本和彦（広域事業部門長）

渡辺化学工業株式会社
代表取締役社長
渡邉 路維
わたなべ るい

宮崎大学工学部卒業後、九州工業大学工学研究科に進学。博士号取得後、モントリオール大学に研究留学し、アミノ酸・ペプチドの研究を続ける。2007年に父の経営する渡辺化学工業株式会社に入社。常務取締役などを経て2012年に6代目社長に就任。研究者が本当に欲しいと思える試薬を開発すべく、日々奮闘中。趣味は中学から続けている卓球とレンタカーを借りて世界の国々で色々な車を運転すること。

会社名	渡辺化学工業株式会社
住所	広島市中区堺町2丁目2番5号
電話番号	082-231-0540
事業内容	アミノ酸誘導体・ペプチド合成試薬の製造販売
従業員数	44人

【会社紹介】

1845年に薬種商「渡辺寿老堂」として創業。「万妙圓」や「安のぢ薬」などの家伝薬を販売。戦後、4代目が工業薬品、食品添加物の製造販売に業種を変更した事を機に1963年、「渡辺化学工業株式会社」に社名変更。1982年、5代目が大学院と留学先で得た知識を元に「アミノ酸誘導体」と「ペプチド合成試薬」の販売を開始。1990年に新本社ビル完成と共に「アミノ酸・ペプチド」に関する試薬の製造販売に特化し、2015年に創立170周年を迎えた。現在はReagent for Chemistをモットーに研究者の立場に立った使いやすい試薬を開発する一方、2017年に完成した工場で医薬品原料にも使えるアミノ酸誘導体の製造にも取り組んでいる。

6代目の若き経営者が大学研究者との長期の信頼関係を構築しながら試薬事業を展開

株式会社ＴＬＯ京都
広域事業部門長
橋本 和彦
はしもと かずひこ

1980年生まれ。大学院修了後、メーカーを経て、2010年に関西ティー・エル・オー株式会社（現在、株式会社ＴＬＯ京都に改称）に入社。京都大学をはじめ、岡山大学や九州大学に常駐し、産学官連携コーディネータ等を歴任し、複数の大学における様々な産学連携・技術移転業務に従事。2017年より現職。

会社名	株式会社ＴＬＯ京都
住所	京都市左京区吉田本町 京都大学国際科学イノベーション棟4階
電話番号	075-761-7680
事業内容	大学技術の技術移転
従業員数	38人

【会社紹介】

　1998年に広域型のTLOである「関西ティー・エル・オー株式会社」として創設して以来、大学で生まれた先端科学技術の社会実装を目的に、大学と企業の橋渡しを通じて、京都大学をはじめ、様々な大学の産学連携・技術移転活動を実施し、数多くの実用化・製品化事例をあげる。2019年に「株式会社ＴＬＯ京都」と改称し、大学の知を活用したイノベーション創出基盤の構築を目指し、活動の幅を拡げている。文部科学省により承認を受けた技術移転機関（承認TLO）。

① 創業時の家伝薬販売からペプチドへと事業転換

1845年に初代渡邉彦助が薬種商として創業し、当初は渡辺寿老堂と名乗っていました。いわゆる家伝薬で、一番有名なものでは「安のぢ薬」というものを扱っていました。当初は「安の目薬」と言っていて、当然目に差すものでした。ご存じのように、徐々に医薬品の規制が厳しくなっていきましたので、目薬としては使えないことになり、痔に使うということで「安の痔薬」となりました。効能は一緒なのですが、そういったものをいろいろ販売していました。

渡辺化学工業株式会社　社屋

安の目薬と安のぢ薬のパッケージ

各種工業薬品や食品添加物を、われわれは合成保存料と言っています。戦後、冷蔵庫はあったのですが、電気ではなくて冷気で冷やすというものでした。食べ物をいかに腐らないようにするかというのは結構大事でした。当社はソルビン酸カリという合成保存料を大量に製造販売して、実際には大手化学メーカーの下請けの仕事をしていたのです。その仕事が大きくなったので、社名を渡辺化学工業と変えて、合

4代目当時の渡辺化学工業本社

成保存料以外にもメタノールやアセトンなど一般工業薬品の卸しを行っていたのです。私の祖父である、4代目の渡邉彦助のときです。

ただ、このビジネスがずっと続くだろうかと祖父自身も懸念していたので、私の父が何をしていくべきかと考えたときに、これからはペプチドとかアミノ酸がブームになっていくかもしれないとなりました。父は京都大学の薬学部でこの領域の研究をしていて、アメリカで博士研究員及び大学講師として5年間留学していました。

② 1845年の創業から私が6代目

そのときにニューヨークで生まれたのが私であり、6代目です。ニューヨークといってもマンハッタンで生まれたわけではなくて、ニューヨーク郊外のロングアイランドという細長い島です。ブルックヘブン国立研究所という原子力で有名な研究所があり、その研究所ではペプチドの研究もしていたので、最初そこに父は2年ぐらいいました。そのときに私が生まれたので、ロングアイランド生まれということになっています。残りの3年はニューヨーク市立大学に父が移ったので、ニューヨーク市のクイーンズ区に3年いて、それから日本に帰ってきました。

セントラルパークで、姉と遊ぶ

帰国後、私も大学で何をするかという話になり、とりあえず化学系の学部にと考えて宮崎大学に行きました。そのときの専門は光化学で、有機化学系ではあるのですが、ペプチドやアミノ酸とは違いました。大学院の修士から九州工業大学に移って、そこではペプチドやアミノ酸の研究を

渡邉家4代・5代・6代揃い踏み！

していました。そこで博士号を取ってから、1年間モントリオール大学に留学して、それから戻ってきて今に至るというところです。私と父の専門はあまり違いません。

私は6代目ですが、当社はこれまで痔の薬や目薬などをいろいろ扱ってきましたが、会長である父の時代くらいから試薬に事業展開してきました。われわれのような中小企業は大企業と違って、自社で完全に新しいものを生み出して、お客さんに対してどうですかと問うケースは正直ほとんどありません。当社は周りからシーズベースと思われているのですが、完全にニーズベースの会社です。

ほとんどの新製品は、企業からこういう商品を売ってほしいと言われるものを試しに作ってみて、他のお客さんにも売れるなとわかってきたら、最初に言ってくれた企業から許可を取って市販化しているのが実態です。ですので、ほとんどの商品がニーズベースになっています。そういう意味では大学のお客さんも全く同じ論理で、学会で研究報告を見ていて面白いと思ったら、それを商品化してみたいと取り組んでいるというのが実際の話です。

国際学会でポスター発表していた頃

それがある意味、産学連携という観点では企業の成長につながるところはあるかと思います。当社だけで完全に1から作ってお客さんに提供するというのは、中小企業の体力的にはなかなか厳しいのではないかと思います。それができれば、本当の意味でのベンチャー企業かもしれないですが、当社はそういった意味ではニーズベースなので、ゼロから1を生み出すようなアイデアを出すのは大学の方が優れているのではないかと思います。

③ 試薬事業は長期スパンで研究者との信頼関係の構築が重要

産学連携を始めたきっかけの明確な背景としては、当社の売上比率の状況にあります。取引先はほとんどが製薬会社ですが、われわれのような試薬会社はそもそも大学と密接な関係にあって、大学の取引先も非常に多いのです。取引先数の比率としては、企業と大学は1対1ぐらいです。残念ながら、売上の比率では8対2ぐらいになってしまいますが、取引先数の比率としてはほぼ1対1なので、お客さんと

国際学会での弊社の出展の様子

しての大学が非常に多いです。

見ず知らずの人が当社にこういうのはどうですかと声をかけてくださるというケースももちろんありますが、既にお客さんである研究室から、自分の研究室でこういうのを作ったのだけどどうかというケースが多くあります。きっかけという意味でいうと、試薬会社なのでそもそも大学との結び付きが強いというところと、そこからお客さんの知り合いを通じて、こういうのはどうかと声をかけてくださるケースが一番多いです。

私や父も学会に出展したり、出展していなくても学会参加はかなりしています。ポスター発表や講演を聞いてこれはいいなと思ったときに、当社で市販化させてもらえませんかと声をかけるケースがあります。九州大学の鳥飼浩平先生のように、先生の方からおたくで売ってもらえないかと話を持ってきてくださるケースもあります。

ただ、産学連携は、最近は若干慎重になるところもあります。いろいろなパターンがありますが、基本的にはどの先生も早く結果を出したいと思っていらっしゃいます。しかし、試薬は契約を締結してから売れ始めるまで、私の感覚では5年はかかると思っており、かなり長いスパンで見ないといけません。それこそ口コミではないですが、じわじわと売れていくという感じです。基本的には、1年目でいきなり結果が出るというのは、ほぼありません。先生としては、皆さん自分のものが素晴らしいと思っていらっしゃるので、なかなか売れないというところに少しのいら立ちを覚えられるということはいつも感じます。うまくいっているものは、先生に気長に待っていただいているという、お互いの信頼関係の面が多分にあります。

4 ギブアンドテイクの信頼関係の維持とマネジメントも重要

大学や研究機関と付き合う上で重要視しているのは信頼関係です。いかにギブアンドテイクの信頼関係ができるかだと思います。大手企業だとあまり関係ないのですが、当社のような中小企業の場合は、一番助かるのは総合大学の機器を使わせていただけることが

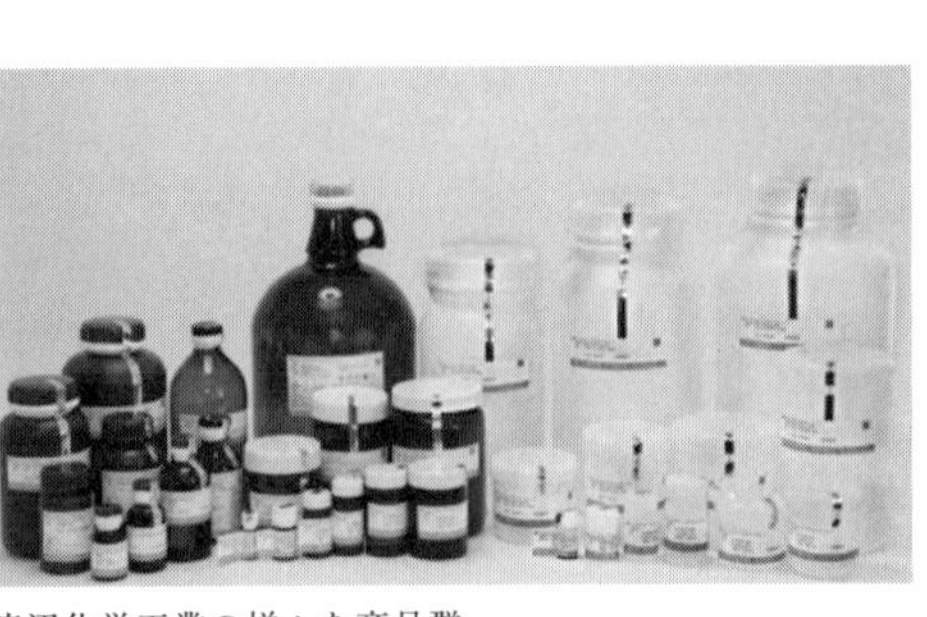
渡辺化学工業の様々な商品群

大きいです。広島大学にしても、神戸大学、京都大学、九州大学にしても国立大学は最新設備を大概持っているので、共同研究時に使わせていただけると、中小企業としては不満がないと思います。

それが、商品を特許ライセンスとして売りつつ共同研究となったときに、あれを測定してくれ、これを測定してくれとなり、そればかりが高まってしまうと製造部門や品質管理部門を逼迫させてしまいます。ギブアンドテイクの関係をいかにうまく構築できるかが肝だと思います。この学会に間に合わせたいから、来週までに測ってくださいなどと急に言われると、人材が限定的な中小企業にとっては結構しんどいです。

このマネジメントは、社長である私がやらないといけません。最近、当社への紹介は多くなっており、以前にも京都大学から問い合わせがあり、分析系の試薬でしたが、当社では有用ではなかったのでお断りしました。実績とネットワークがある程度この分野では確立していて、とりあえず渡辺化学に言っておこうという、そういう関係が重要だと思います。ペプチドやアミノ酸というと、真っ先に頭に浮かぶのは当社ではないかと自負しております。

このような問い合わせは昔は何年かに1つぐらいしかなかったのですが、最近は多くなっていて、年に3、4回ぐらいはあります。

5 製品的には試薬の化学的安定性が重要

化学的観点からいうと、売る商品自体が化学的に安定しているかが大事です。なぜかというと、すぐに売れ始めるということはなく、安定性が高ければ高いほどいいからです。例えば、食べ物で賞味期限が1年間であれば、1年間経って売れなければ、当然捨てないといけません。そうすると、せっかく製造してストックしておいても、全部ゴミになってしまいます。われわれは産学連携に限らず、試薬を市販化するときに一番気にしているのは化学的な安定性というところです。当社で産学連携としてうまくいっているのは、少なくとも2年から5年ぐらいの長期間安定している化合物です。会社としても最初にある程度多めに作っておかないと、ビジネスとしてはコスト的に合いません。

これまでの産学連携で一番うまくいったものは、10年以上経過しているものです。つまり、長く置いておける方が当社としては損にはならないので、化学的安定性は市販化するときに一番気にしているところです。当然、特許のフィーを何%にするかというのもあります。また、いわゆる目利き力といいますか、この商品はこの人が買ってくれそうだとイメージできる商品かということもあると思います。

安定性を調べるための様々な分析

試薬という商品は、お客さんが欲しいと思ったときに在庫があるかどうかで全てが決まる商売です。ある程度高くても本当に欲しいと思ったら、すぐ買ってもらえます。そういう意味で在庫を持っておかないと駄目なので、化学的安定性が大事になります。大学の先生は、安定性の検証までされていることはまれです。大学の先生にそれをやってくださいというのはなかなか難しいところなので、会社側で検証せざるをえないのですが、それにはある程度時間がかかります。値段設定については、われわれ自身も売れる値段を考えますが、希少価値によって価格は変動します。また、作ってみたら思っていた以上にコストがかかって、どんな素晴らしい商品でもこれでは売れないのではないかということがあります。そういう意味でも化学的安定性が高ければ、何年も持っておけるので、少し値段を下げようかということもできます。

化学的安定性の検証については、最近はすごく慎重になっています。販売までに時間をかけて、安定性を1年間見てから販売するというテストもします。そこまでは大学の先生は待っていただけないので、売り始めてから安定性が悪いことがわかるというケースもあります。

われわれの活動もビジネスなので、販売メリットがないのに無理矢理取り扱うことはなかなかできません。価格面の問題で売れなかったというよりも、安定性の面での問題というのは厳しいです。試薬を使うお客さんも純度が悪いと、すぐにクレームになってしまいます。お客さんの要求レベルも厳しくなってきていて、それぐらいの純度でいいよとは言わなくなってきています。このようにわれわれは化合物のクオリティーというところに最も気を使うのです。

⑥ 大学の研究成果と商品の評価のギャップ

想定していたような安定性が出ないことがわかったら、そこで開発を打ち切ることもあります。大学の研究室の研究成果と商品の評価が違うというギャップです。もう1つは安全性です。安全に作れるかどうかです。研究員が怪我をすると意味がないので、そういったところも気にします。安全性の面では、臭くないか否かという、異臭の問題も意外とあります。

産と学でのギャップと言われていて、大学の研究論文では、ある程度チャンピオンデータが出たら、それで安全性があるとなります。大学で実験するときには、例えば1キロで行うことはまずないので、数グラムの実験だと安全ですという話です。それが100グラムレベルになると安全性が大きく違うので、こうしたことへの理解が得られるかどうかです。われわれも安全性の面で危ないのでやりたくないというケースもあります。当社も冷凍で保存するのが限界で、それ以上のことはできません。冷凍でも不安定であればどうしようもないということになります。

大きなスケールでの試薬の製造風景

もう1つはもっと専門的な点になるのですが、物ができましたと大学の先生がおっしゃるときに、いわゆるカラム精製（化合物による充填剤との親和性や分子の大きさが異なることを利用して行う分離方法）で無理矢理きれいにされていることがあります。われわれ企業は、カラム精製はほとんど行いません。当社では基本は再結晶と言いまして、1回溶媒に溶かして、そこからもう1回結晶として出すという古典的な方法で行います。ですので、カラム精製をしないときれいにならないというのであれば、事業としてのスケールアップはかなり厳しいということになります。

まずは一番が化学的安定性、これがクリアできないと話になりません。次がなるべく危険回避という製造の安全性で、最後がスケールアップの容易性です。この3つがどれもクリアできた場合というのは、多少価格が高くても、要はストックできるので何とかなります。素晴らしい研究シーズであっても、スケールアップできなければ試薬にはなりません。毎回必ずスケールアップできるとは限らないということを大学の研究者に理解していただくことが重要だと思っています。

⑦ 成功例としてのペプチドリームとの連携

ペプチドリームの件を当社の産学連携の実績とするならば、当社の最大の成功例ともちろん言えます。ペプチドリームから業務提携のオファーをいただいたのは、直接であり、東京大学の菅裕明先生からご紹介いただいたわけではないです。だから、完全に企業として独立していて、その状態で声を掛けてくださいました。皆さんご存じだと思いますが、ペプチドリームがなぜ大成功したかというと、菅先生がビジネスとアカデミックを完全に切り分けていらっしゃったからだと思います。菅先生自身も、僕らはペプチドリームから下りてくるお金によって研究するから、企業と共同研究はしないと常に宣言されています。私は素晴らしいと思います。菅先生としては、企業から独立して自由に研究をされたいのです。ペプチドリームに技術を出すことによって対価は当然もらっているので、その対価だけで研究できることがすごいのです。

ペプチドリームの副社長の舛屋圭一さんは10年来の知り合いで、元々海外の製薬会社にいらっしゃったときに当社のお客さんでした。ペプチドリームに移られる直前に舛屋さんにお会いしたとき、渡辺化学はアミノ酸誘導体ではメインサプライヤーだから一緒にやりたいと声を掛けてくださりました。そこから業務提携に発展したという流れです。市場調査会社や銀行に調べてもらったデータがあるのですが、この領域での当社のシェアは確かに1位だということがわかりました。そういった実績もあって、声を掛けていただいたのではないかと思います。

⑧ 社内に根付く文化としての産学連携

ところで、産学連携を始めて、商品を出した時期ですが、会長の父のときからだと思います。産学連携が当たり前のような感じではないですが、会社としての経験は十分にあるので、そこに抵抗はないです。どういうふうにアプローチするかということも、父から教えてもらいました。ただし、ネットワークは私と会長でも違います。

同じ業界とはいえ、ネットワークの使い方は多分違うと思います。ただ、構築の仕方は、基本的に変わっていません。学会の会場が圧倒的に多いです。

照射前 → 照射後
UVランプ(波長365nm)

岡山大学の宍戸先生と開発した蛍光アミノ酸

例えば、福岡大学の安東勢津子先生や岡山大学の宍戸昌彦先生は元々当社の試薬を買ってくださっていたお客さんで、渡辺化学で何か売ってもらえないかとおっしゃられて行ったケースです。

学会への参加はわれわれの中では必須です。試薬自体が研究開発用なので、メインで売れる対象でもあり、学会を通してアナウンスしています。展示会に出展して当社の商品を紹介するという意味だけでなくて、自分たちも必ずポスター発表を行い、先生方の発表を見て知識を取り入れるという点では学会は欠かせないです。私や会長だけでなくて研究員も、全ての学会ではないですが、割り振って必ず年に1回は学会に参加させるようにしています。

当社には研究員が15人います。アミノ酸部門とペプチド部門に分かれていますが、もっと大きな会社だと、小スケールで新しいものをつくる人と、それをスケールアップする人は基本的には別です。創薬部門とプロセス化学部門は別ですが、当社は1人の人間がどちらも行っています。

従業員も大学と連携するのは普通だと思っています。研究員は特にそうだと思います。会社に文化としての産学連携があると思います。事務手続が若干面倒というのはあると思いますが、抵抗はありません。

面白いのが、大学の先生からお声をかけていただいて行うケースと、われわれが学会で先生方の研究報告などを拝見して声をお掛けするケースとどちらが成功するかというと、後者の方が成功する確立が高いです。当然なが

試薬の市販化検討会議の様子

ら、こちらが受け身でスタートするのと、乗り出してやっているケースというのは成功率が違います。こちらからそれは面白いですね、それを当社に売らせていただけませんかというケースの方が、当たり前ですがうまくいっていることが多いです。

私も最近慎重になって、学会等ですぐには声を掛けません。これはいいなと思ったものをまず持ち帰って、研究開発部長等に話して、いいんじゃないですかとなってから声を掛けます。その場ですぐに声を掛けてしまうと、大学の先生方は完全に前のめりになって、引くに引けなくなるからです。

9 企業側と研究者側の相互理解を深める産学連携コーディネータの役割

試薬会社も直接取引志向があって、ディーラーを通さないというところもあります。ただ、試薬ディーラーが末端のお客さんとの間に入る一番のメリットは、何か問題が起こったときに末端のお客さんに対して、仲立ちして「まあまあ」と言えるかどうかだと思います。それは産学連携コーディネータも同じだと思います。

ディーラーである橋本さんが、これは渡辺化学がいいんじゃないかとお客さんを探してくださることも大事ですが、事が進み始めたときに、さきほど言ったようなことは必ずいろいろ出てくると思います。そのときに、われわれが一番苦しむのは、大学の先生の場合はどうしても研究に対して前のめりになられがちなので、企業側の事情を理解していただけるように努めていただけるかというところです。先生と連絡を密にお取りいただいて、企業側がどういったところで苦しんでいて、進んでいないというところをアカデミック側に納得していただけるようにうまく説明できることが、コーディネータをしていただいて一番よかったと感じることです。

株式会社TLO京都　社屋

事業は今どういう状況ですか、何か問題があって進んでいないのですか、問題があるなら言ってください、私がやりますからと言う先生がいらっしゃいます。でも、それをおっしゃってもらったところで、企業は今の開発状況や人員の都合等もあって進んでいない、進められない場合もあるのです。

時期の問題もあります。われわれの業界は、年度末の3月は暇です。多くの人が学会に出払っているし、大学も企業もどちらも異動があり、大学は学生が卒業して人がいないから実験も十分にできません。基本的には3月と4月の上旬は一番暇なのです。一方で、12月と1月は最も忙しくて、予算消化の関係で何日までに納めてくれというのがとても多いのです。2月末までの期限というのが多いですが、特に大学を相手にしていると、この時期は予算消化の案件が非常に多いので、そこに向けてある程度余力を残して動いています。そういう時期の問題を理解していただけるかどうかです。

【橋本】両サイドの気持ちや状況を踏まえながら、間でまあまあみたいな話をするのもわれわれの大事な役割です。そこをしないと、われわれは確かに大学のエージェントをしていますが、製品化するのは企業なので、企業の状況を考慮して話を進めないと絶対うまくいきません。ある程度、大学の先生に中小企業側の事情を理解していただくように努めないといけないという意識を持っています。東京大学のTLOの山本貴史さんが言うには、アソシエイトはお見合いのおばちゃんだと。結婚が成就するように、そこまでうまく持っていくのがわれわれの役目だと思います。

逆にいうと、われわれはコーディネータの人からお尻をたたかれることによって、しっかりやらなければということはあります。直接1対1のときであれば、ちょっと後回しでいいかとなるケースもありますので、そういう意味でもコーディネータの役割は重要だと思います。有用性や市販化できるかは企業側が判断する話なので、そこは別にコーディネータの人に分かってもらえなくてもいいかなという気はします。それよりも、お見合いのおばちゃんじゃないですが、うまく双方の意見をくみ取ってくれる方が重要です。

【橋本】人によって、ないしは先生の特性によって大きく変わってくるところがあります。発明者の先生で前のめりになる方もいますが、逆に思っていても言わない先生もいます。そこは私たちが先生の特性をしっかり把握して、あまり言わない先生にもここは言った方がいいですよと伝えます。

ある程度プロジェクトが進んでからでは言いにくいという問題は、結局ネガティブな部分です。安全性が低いので大量には作れない、つまり、製造の危険性が高いということです。ただ、それはやってみないと分からないところもあります。商品の性能そのものは素晴らしくても、市販化に対して製造の危険性という問題に直面するのは、たまに起こるケースです。こうしたとき、直に先生に申し上げることは難しいです。前のめりの先生に対しては特にそうです。ポジティブなことは簡単に何でも申し上げられるのですが、ネガティブなことはなかなか難しいです。産学連携で失敗する案件は、人間関係がこじれたケースが多いのではないでしょうか。お互いの相互理解をどれだけ深められるかというところだと思います。

⑩ 広島の企業として広島大学との連携強化を今後は期待

一番思い浮かべる産学連携は、本当は広島大学と行いたいのです。産学連携の一番の理想は、広島にある会社であるならば、広島の大学と思っています。地の利というか、広島大学との産学連携にはメリットがあって、遠因で言えば、採用関係で先生から学生を送り込んでいただくこともあります。また、機械を使わせてもらいたいとしても、産学連携をしている大学が距離的に遠いと、借りに行くのにもお金と時間が発生してしまいます。地元の大学と連携するのが一番いいです。

私が思い描いているのは、広島大学の薬学部との提携です。場所も近いです。広島大学の本部は東広島なので、同じ広島大学でも車で2時間かかりちょっと遠いです。ただ、近いところでのプロジェクトはなかなかうまく回ってきません。理学部の先生とは既に産学連携を行っていて、大学内部でいろいろな学部が共同で行っているプロジェクトにオブザーバーとして参加しています。

先日も広島県から働きがけがあり、医工連携に参加してもらえないかという打診があったのですが、それはゲノム創薬で弊社の得意領域から少し遠いので参加には至らなかったです。当社もそれなりの存在感は出てきていて、そういう声は掛かるのです。でも本当に領域がマッチした医工連携や産学連携がまだ広島では出ていないので、そういうものがあれば喜んで参加したいと思っています。

渡邉家は伝統的に新しもの好きなところがあります。とりあえず首を突っ込んでみるのです。びびってばかりでは何も前に進みません。興味あると思ったら突っ込んでみるのですが、われわれは多くが1対1でいきなり始めてしまうのです。そういったときにコーディネータの方がいると、橋渡し役の方に先に双方を理解してもらっているわけで、とても有り難いです。コーディネータが入っている場合、1対1でダイレクトに行う場合といろいろなタイプありますが、1対1は勇気がいり、リスクもあります。やはり、コーディネータの方の役割はとても重要です。

産学連携

CASE 3

株式会社アンミンピロー　高戸準一（専務取締役）

株式会社テクノネットワーク四国（四国ＴＬＯ）矢野慎一

株式会社アンミンピロー

専務取締役

高戸 準一

たかど じゅんいち

1994年に株式会社アンミンピローに入社。その後、事業拡張に伴い、静岡工場開設と同時に静岡支店長として勤務。2004年に事業集中のため、本社移転に伴い専務取締役として赴任。これまで約1000製品以上の開発に関与し、数々のヒット製品を生む。新商品の産みの苦しみを感じつつ、大手に負けない不屈の精神で、これまでも、これからも日本人に合う快適な枕を提供するため、日々精進中。

会社名	株式会社アンミンピロー
住所	愛媛県松山市西垣生町755-1
電話番号	089-971-1567
事業内容	寝具の製造・販売
従業員数	28人

【会社紹介】

1979年に株式会社アンミンピローを創業し、寝具（主に「枕」）の製造を開始。1982年より事業拡大をするため、本社を移転し寝装・インテリア等の生産を開始。以降、営業所を東京・福岡・広島・静岡に開設していく。2001年に中国上海に高戸枕業有限公司（独資）を開設し、生産キャパを増設。その結果、同年に比べ、2倍の生産力を確保した。2018年に愛媛大学と共同開発した「SLEEPMEDICAL PILLOW（スリープメディカルピロー）」を販売開始。順調に売上を伸ばしており、それに引き続いて、第2弾、第3弾の開発品も現在、模索中。

愛媛大学医学部との産学連携で熟睡にこだわる枕「SLEEPMEDICAL PILLOW（スリープメディカルピロー）」を開発

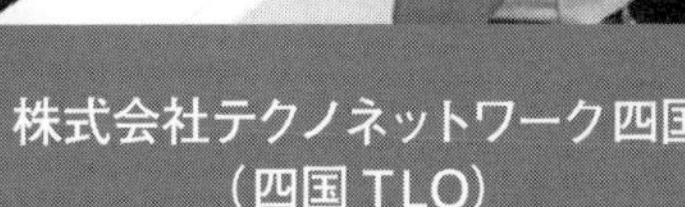

株式会社テクノネットワーク四国
（四国TLO）

矢野 慎一

やの　しんいち

近畿大学生物理工学部卒業後、株式会社Attackコーポレーションに入社。営業実績（教材の訪問販売）として、部門別全国第1位となり売上に大きく貢献。その後、水性塗料のパイオニア企業であるインターナショナルペイント株式会社に入社し、開発部に配属。塗料開発に携わりながら開発思想を学び、製造・品質管理も経験。ものづくりの試作から量産化までの工程を学ぶ。これらの経験を生かし、2009年に株式会社テクノネットワーク四国（四国TLO）に入社。現在までに、12製品の上市に寄与し、試作の設計思想からビジネスプランの構築、拡販支援まで行っている。

会社名	株式会社テクノネットワーク四国
住所	香川県高松市幸町1-1 香川大学 幸町北キャンパス研究交流棟3階
電話番号	087-813-5672
事業内容	大学技術の技術移転
従業員数	13人

【会社紹介】

大学等から生み出される知的資産によって、四国地域の社会と産業の活性化を図ることを目的として、徳島大学、香川大学、愛媛大学、高知大学、高知工科大学が中心となり、2001年に技術移転機関（TLO）として設立。技術移転にとどまらず、企業と大学等の共同研究、プロジェクトの立ち上げなど、幅広い活動を行っており、これまでに100件を超える事業化に寄与してきた。

1 枕に特化して松山市で父親が脱サラ起業

当社の事業は、現在の社長（父親）の髙戸菊夫が1979年に脱サラして松山市で始めました。そのときにまず取り組んだのが枕です。昔から寝具で商売をしてきて、脱サラして松山に来て、枕に特化して裸一貫でスタートしたのが始まりです。そのときから現在まで、ずっと枕だけでやってきたメーカーです。昔は、そば殻やパンヤという古来からの原料を使っていたのですが、今は清潔感のあるものや衛生的なものにフォーカスしてきています。ですので、洗える商品や、アレルギーの方にも使っていただけるような、埃の立ちにくい素材を使った枕などを商品化しています。

株式会社アンミンピロー　社屋

創業者であり社長である父が枕にフォーカスした理由ですが、私が聞いたのは、昭和50年代、枕というのは何でもよかったらしいです。社長自身も枕を選ぶということをしていませんでした。例えば、掛けるものであれば羽毛布団とか綿布団とか、ちょっと重量感のあるものとかいろいろあります。敷物であれば、硬めとか柔らかめというのは昔からあったのですが、枕へのこだわりは全然ありませんでした。布団を買ったら、セットで勝手に付いてきているものが枕でした。社長は、枕はそのようなどうでもいいものではなくて奥が深いと当初から言っていて、枕だけを販売したい、良い枕を作りたいというのが事業のスタートでした。

多様な枕のラインナップ

父は昔、東京の寝具の商社に勤めて

創業者の髙戸菊夫社長

いました。東京の支店長から寝具がよく売れるので四国を網羅してきなさいといわれ、東京支店から四国に来て営業を始めました。そのときは枕ではなく、布団をベースにいろいろなものを販売していました。お客さんに聞かれるのは「良い布団はないですか」なのです。「良い枕はないですか」という質問がなかったらしく、そういえば枕は良いものがないよねということで、会社を辞めて起業しました。

社長は富山県出身ですが、東京の会社で四国担当だったということがきっかけで、松山市に会社を設立しました。元々は富山から就職で東京に行って、そこから四国に1人で来たという流れです。松山でいろいろ寝具の勉強をしたようです。東京にいるときは商社なので、ある商品を売るという、ただその作業です。そのため、考えるという仕事は一切しなかった。それを裸一貫で四国に来たときに、ノウハウがないとやはり何も売り込みができないということで、ひとつずつ勉強していったようです。

多分、父は枕にチャンスがあると思ったのでしょうね。でも私が会社に入ってから20数年経ちますが、入った当時は、営業に行っても枕は後回しでした。枕が注目されてきたのは最近のことです。社長の目を付けたところはとても良かったのかなと思います。ですので、枕に付随する商品は全部やりますが、敷布団や掛布団は、うちでは一切やっていません。

② 両親を少しでも楽にさせたいと入社を決意

私は生まれも育ちも松山です。１９７４年生まれなのですが、１９７９年に父が事業を始めたころは、社員はいなくて、社長と母の2人でやっていました。両親が家に帰ったという記憶が、小さいころの私にはあまりなくて、会社に寝泊まりをすることが多かったです。今でこそ働き方改革で、労働時間も有休もいろいろ制限されますが、当時は24時間体制でやっていました。小学校のときには、私も枕を作っていました。

私は、学校を出てから松山の電器屋に入りました。24歳の時に、父である社長から話がしたいと言われました。家では話ができないので、外に出て話をしました。そこで、会社に入ってやってみたいという話を私の方からしました。ただ、そのときは、会社はものづくりというものではなくて、やっと生産ができるというレベルでした。注文はたくさん頂けるのですが、物を作る時間がなく、人手が足りませんでした。両親も家に帰るのがとにかく遅かったです。帰ってきたらいつもしんどくて、ご飯を食べてすぐに寝るとか、会話も何もありませんでした。そんな中で、子どもながらにその姿を見て、夕方5時になったら帰らせてあげたい、楽をさせてあげたいと思っていました。私は長男なので、多少でも両親の負担を軽減できたらという思いでした。

われわれは寝具業界を糸へん関係の仕事というのですが、糸の付く漢字の会社は、全部そういう寝具系で泥臭い仕事です。当時からですが、若い人が全然この業界に入りません。営業の方も高齢になってきていて、若い人がいません。その中で私は当時23歳で若かったので、戦力にはなると思って入ったのがきっかけです。別にかっこいい話ではありません。本当に両親は夜が遅かったです。会社が軌道に乗ったら私は辞めてもいいと、当時思っていました。

③ お客さんの要望に応える ものづくりへと意識が変化

お客さんのニーズをある程度聞いて、商品を作って、販売します。ただ、自社製造なのですが、ものづくりの考え方は本当に未熟でした。社長が言っていた、良い枕って何というところからスタートしていますが、結局、時間がなくて生産に追われていて全然考えられませんでした。何の考えもない枕を当時作っていました。

ですが、売れていました。私は営業するつもりは全くなく、現場だけの仕事をとにかくして、現場でお手伝いしてくれている方々の助けになればいいと思っていただけでした。それが10年ぐらいやっていると、「あれ、社長はものづくりを全然してないよね」と思うようになりました。お客さんからこういうものがいいというのも、当時は「ああ、そんなのは無理、無理」で終わっていました。「うちはこれしかできないから」で、こちらの一方的な投げやりな回答ばかりしていました。それが入社してから10年ぐらいたったときに、「こういうものできないの」と言われたときに、社長は「できない」と言ったのですが、ちょっと素材を変えて形状を変えたら要望に応えられるのではないかと、枕の形状などを私は考えるようになりました。会社に入って10年ぐらいですから、33歳のときです。

ただ、自社製造をはじめて、逆に売上は落ちました。売れている商品をあえて生産量を減らして、そちらに無理やり持っていったので、売上は伸びるはずがありません。多数のお客さんが望んでいるわけではなくて、「こういう枕が欲しい」というのは、多数のお客さんの中のほんの一部だけです。その一部のお客さんに対して時間を費やしたので、どうしても生産数が今までの7掛け、8掛けという形で落ちていきました。これは困ったなとなりました。

④ 中国上海に設立した工場に生産の半分を移転

企画は日本でできるのですが生産ができないので、社長といろいろと考えて、生産拠点を半分ぐらい中国に持っていくことになりました。これは社長がすぐに決断しました。

難しい縫製などは日本では手が掛かりすぎて、コストが上がって適正価格になりません。中国に持っていくと、日本ではできないような価格で製造してくれます。中国で生産し、売上は多少伸びていきました。われわれの業界でも中国進出は多いですが、すぐに撤退することも多いです。海外生産の場合、通常は合資会社を設立します。毎日、工場に日本人がいるわけではないので、結局コストを決めるのも何を決めるのも、全部、中国主導になっていきます。最後は日本の企業はいづらくなって出て行ってしまうことが多いようです。ですので、上海工場は完全に当社の独資で設立しました。今は当社の社員はいませんが、立ち上げ当時からずっとよく知っている中国人の方が社長です。もう十数年、当社の枕のために頑張ってくれています。

上海に設立した生産拠点の工場

⑤ 顧客のニーズに応える新しい枕の開発にチャレンジ

これまで作っていた枕の売上が7掛け、8掛けで落ちていく。その一方で、お客さんのニーズを聞きながら新しく開発した枕を作るという決断をしたとき、全く自信がありませんでした。やろうと思ったきっかけは、どこが新しい枕の開発をやるのかと見ていると、全部、大手の企業でした。大手の企業は枕の専業でもないのに「それ、うちはできるよ」と簡単にやってしまいます。枕屋さんは、一時は何十社もあったのですが、ここ数年では日本で専業のメーカーは5～6社ぐらいです。

私は大手には負けたくなかったので、大手ができてなぜ小回りの利く中小企業ができないのだと、できもしないのにできると先に答えていました。そうするとお客さんの方から「まだできない？」と声をかけてくるではないですか。それでやっと重い腰が上がってきます。「できない」と言ってしまったら多分何もしないので、ハッパを掛けていただいて、お尻をたたいてもらった方が意外にできます。最初は10個、20個の注文かもしれないのですが、やれば達成感も出てくるので、10が100になり1０００になり、1万になりという形でどんどん増えていきました。

6 四国ＴＬＯを通じて愛媛大学医学部との産学連携による共同開発をスタート

大学との連携は愛媛大学が初めてです。枕屋は各々が本当に小さな企業なので、ブランド品というものはありません。全て大手企業が先行しています。小さな枕屋がいつも寄り集まって、どうしたらいいのかという話し合いはよくしますが、大学との共同開発は考えたこともありませんでした。

株式会社テクノネットワーク四国 社屋

大手企業の場合は、商品の監修ばかりです。共同で物を作ってではなくて、できた物に対して先生が監修している商品が9割以上になります。本当にいいものはしっかりした共同開発がされていますが、当時は大学との間で共同開発を行っていることを知らなかったので、どこの門をたたいたらこういう話ができるのかも分かりませんでした。そうしたときに、愛媛銀行から紹介をいただいた四国ＴＬＯから、大学との連携の話を伺いました。それはすぐにしたいということでお伝えしました。

当時、四国ＴＬＯは愛媛での産学連携を始めていて、パートナーとして愛媛銀行と一緒に活動していました。4年ぐらい前のことで、愛媛大学との連携の話をもって、四国ＴＬＯの矢野さんに会社に来ていただきました。最初は、愛媛大学は矢野さん1人で活動されていました。

愛媛大学医学部の岡靖哲准教授（愛

愛媛大学医学部の岡靖哲准教授

媛大学医学部付属病院 睡眠医療センター長）の話が出てきたのは、そのかなり後になります。睡眠医療センターという名は知っていましたが、愛媛大学の病院の部署になっているというのは知りませんでした。矢野さんからアプローチをかけますということで取り次いでいただき、それから連携がスタートしました。

愛媛大学医学部付属病院

⑦ 立った姿勢で寝るコンセプトの枕の開発に着手

【矢野】 元々は大学の誰々先生という監修を付けたかったのです。大学で検証して、よく寝られる、みたいな話が最初にありました。でもそれではちょっと面白くないと思って、共同開発するネタを、半年ぐらいかけてブレストしました。共同開発を始めるまでに半年ぐらいかかりました。このコンセプトを固めるまでは、月1回ぐらいのペースで半年ブレストをしました。それがあって初めて、これは面白いのでは、となりました。コンセプトができてから製品が仕上がるまでは早かったです。

微調整はいろいろありましたが、これがいいよね、あれがいいよね、という、アイデアを足していったら、このような、立った姿勢で寝るコンセプトの枕になりました。ちょっと手間暇は掛かったのですが、その成果は十分にあったと思います。最初は、産学連携という言葉を全然知らなくて、四国TLOは何をしているところなのかなという印象でした。矢野さんがいらっしゃらなかったら今はなくて、間違いなくこの商品はできていません。

愛媛大学医学部の岡先生と話をしたときに、人は必ず寝返りをするけど、立った姿勢で寝るという寝姿勢を、いかに仰向けになっているときにそれに近付けた形状にするかが重要だと最初に言われていました。仰向けになっているときに負荷が掛からないことが重要で、首筋の頸椎のところに隙間が空くので、それをいかに埋めるかと考えてサンプルを作りました。それは高さが８cmのただの箱でした。長方形の枕を最初にサンプルとして作って、先生にも寝ていただきました。「首が痛い」や「寝返りしたときに低い」というコメントをメモしながら、「横を向いたときに高さが要るよね」、「肩幅の隙間を埋めないといけないので、両サイドのボリュームを上げよう」、「寝返りしたときにちょっと頭が落ちるのでワイドにしよう」、「中央部分は仰向けになったときに高過ぎる」、「女性の人が使ったらもっと高くなるので、高さが調節できるものは何だろう」など、様々な課題やアイデアが出てきました。こうしたことを足していったら、こういうSLEEP MEDICAL PILLROW（以後スリープメディカルピロー）の形になりました。そこに到達するにはだいぶ時間がかかりました。

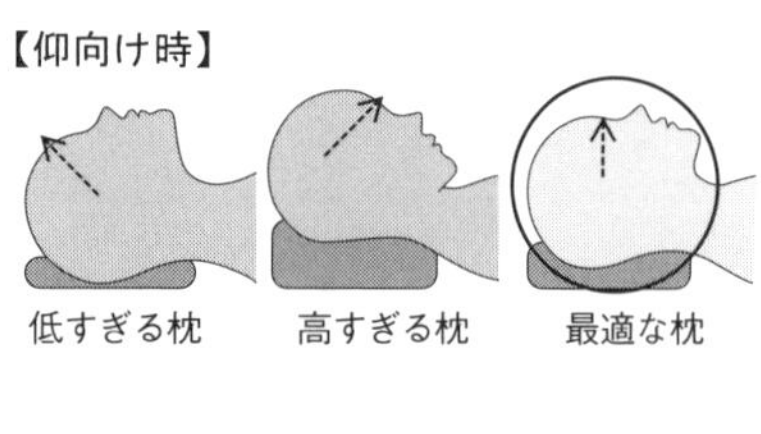

立った姿勢で寝るコンセプトの枕の設計

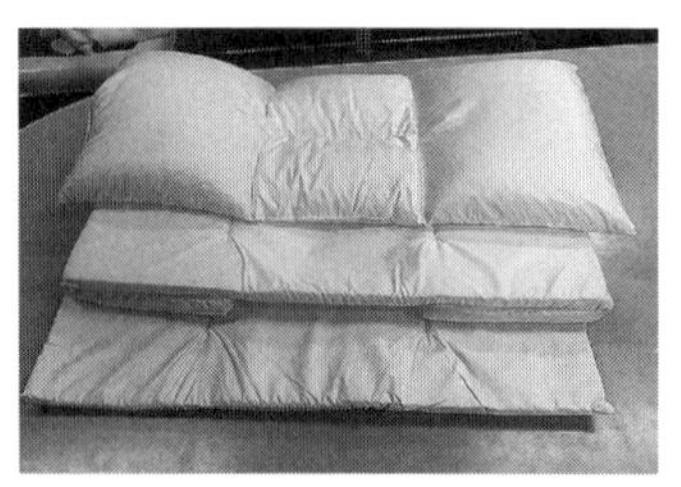
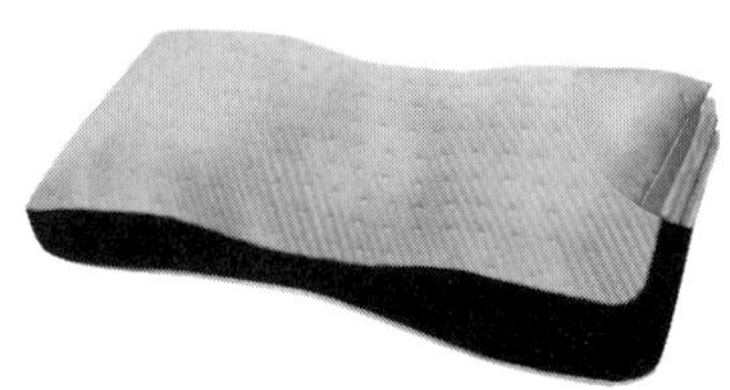

睡眠でお困りの方に快適な睡眠を提供したい

愛媛大学 医学部附属病院 睡眠医療センター長　岡　靖哲

愛媛大学医学部附属病院睡眠医療センターは、あらゆる睡眠障害を診療する地域の中核施設を目指して2012年5月に開設されました。

日々の生活において、質の良い睡眠が非常に重要となっている現在、睡眠でお困りの方々のお悩みをうけて、できるだけ多くの方にフィットする理想の枕を、愛媛大学と愛媛の企業で共同開発したいというコンセプトから誕生したのが、このSLEEPMEDICALピローです。

身体に合わせて自在に高さを調節でき、枕素材も自由に変えることができます。

カスタマイズする喜びとともに快適な睡眠を手にしてください。

開発したスリープメディカルピロー

【矢野】快適な睡眠を得られるのは、基本的に直立している姿勢をそのまま横にするのが一番です。そうなるように全部設計しています。セルフカスタマイズができるようにしていて高さを調整できるし、仰向けや横向けの調整も1本の枕でできます。一番上の3層目は、そば殻、パイプ、綿とか、感触を全部変えられます。柔らかい枕が好きな人向けなど、様々なニーズを一気に解決できるというわけです。それぞれに個々に対応する枕はあるのですが、それを全部まとめて解決できるものはなく、半年後にやっとここに落ち着きました。

⑧ 産学連携によって現場の社員の意識に変化

それまでは思いつきでこういうものがいいよねと、昔と同じスタイルで物を作っていました。どうやったら寝やすいかというのは、よくよく考えたら二の次になっていました。スマートメディカルピローを開発するに当たっては、綿量や高さ、原料の中材の量の調節は、全て現場の方が主導して行っていたので、なぜこんなことをしないといけないのかとか、やはり多くの意見が出てきました。こんなに量を減らしていいのかとか、こんなに柔らかくしていいのかとか、感触として現場の方が分かってきました。

こんなワイドな枕は結構ありそうでない形状なので、現場の方が逆に「何で、何で」と関心を持つようになりました。「人は寝返りを打つでしょう。男性が寝返りを打っても落ちないように」と、現場なりに勉強をしていました。その結果、これが寝やすいよねと現場が分かっていき、今では逆に教えてもらうようになりました。社員全員というわけではないですが、一部でもそういう声が挙がってくれれば面白いなというところに、今はなってきています。今では社員からいろいろと提案が来るようになって、逆に方法などを注意されるときもあります。産学連携で枕の新開発をしてから、そういう風に社員の意識が変化してきました。

今までは単なる作業でした。しかし、産学連携後は現場で作業する人は一言、二言助言する仕事をしてくれるようになりました。営業に関しても同じことです。「この枕は良いですよ」と、売り込みに対してもうんちくを言えるようになってきています。これも半年、1年という共同開発をしてきた成果ではないかなと思います。営業では応援販売をしますが、今では営業の方々がすごくうまく売ります。売り場の方々にも会議室に集まっていただいて、そこで私たちが商品の説明をします。そのときに普通の枕は、30秒か1

現場の社員

分ぐらいで説明が終わってしまいます。この枕の素材は綿です、ボリュームがあります、洗えます、以上ですという感じです。それがこのスマートメディカルピローに関しては、ものすごく説明をします。そうすると売り場の方々の知識もかなり増えます。人間は立った姿勢で寝るのがベストだとか、寝返りってそんなに打つのだという、当たり前のことを全然知りません。そういったことについてどんどん質問が増えてきたのも、この商品ができてからです。

⑨ 岡先生との出会いから第2弾の商品開発に進展

岡先生との出会いもとても大事です。大学と連携する前の医学部の先生のイメージは、大学病院の先生というだけで敷居が高く、僕らとは全然違うところにいらっしゃる方というのが最初のイメージでした。それが枕についてはお互い話ができるので、切磋琢磨できたのかなと思います。そこではそういう壁がなくなったというところです。最初は、10歩、20歩どころかもっと引いたところでした。

大学の先生に直接会いには行きにくいですが、矢野さんが一緒ですと行くことができました。矢野さんがいらっしゃらなかったら無理でした。会話もできないし、会ってもいないと思います。岡先生のような専門の方を呼んでいただいて、新商品が開発できたのは矢野さんのおかげ、四国ＴＬＯさんのおかげです。

岡先生とは現在第2弾の商品に取り組んでいます。第2弾はスタートしたばかりですが、抱き枕について先生と共同開発をしています。普通の方が抱き枕を使うかといったら、「抱き枕って何」というところだと思いますが、われわれ業界からすると抱き枕はものすごく売れます。何千本と売れます。夏なら夏用の素材を使った抱き枕を出すとよく売れます。そのような中で、大学の研究成果のエビデンスに基づく、もっと箔が付いた抱き枕が世の中にあるかというと、今はゼロです。事業機会があると思っています。

⑩ 熟睡できる枕にこだわるためには、産学連携によるエビデンスが重要

産学連携に取り組もうと決めたときから、「熟睡できる枕」を一緒に作りましょうということを重視しました。寝やすさであったり、安定感であったり、それをベースに、より良い枕を作りたいというところを重視しました。あまり良くないのですが、今までは値段ありきの枕を追いかけてしまっていました。例えば、枕には３０００円までしか出しませんということであれば、それ用の枕をメーカーが考えて作ってしまいます。だから寝やすさとか、肩凝りが改善しやすくなるというような、そういう視点での開発の枕は一切なくなってしまいました。それではダメなので、何とかより良い枕を作ることを重視するようになりました。

当社だけでもそれはある程度はできてしまいます。でも、この形状にはたどり着けてないかもしれません。良い枕を作ろうと思ったら作れるのですが、それを後押ししてくれる言葉やバックアップはやはりどうしても必要です。大手企業さんは芸能人を使って枕を宣伝したりするのですが、本当にそれがいいのかというと、多分答えはノーだと思います。根本から良い枕を作ろうと考えたときには、岡先生のように研究のエビデンスに基づいてこれは良いよと結論付けてくださる言葉が、この枕の付加価値です。大学での研究の証明というか、エビデンスが大事です。

ですので、そこはすごく重要視しました。岡先生がいらっしゃらないとできないことです。私の思いもお伝えしました。日々、申し上げていました。両方ともに思いが熱いので、だから成し得たのだと思います。何度も試行錯誤を繰り返しました。横幅の数センチの設計から何度もやりました。使っていただいて、ここは駄目だ、あそこは駄目だ、ここはこうしてほしい、ここはおかしい、どうしたらいい、それをひとつずつ上げていただきました。いかに寝やすくて、男女関係なく使ってもらえる枕になるかどうかでした。そこに対して面倒くさいとかいうのは、不思議と一切なかったです。

11 ワクワクする仕事をセッティングするのが産学連携コーディネータの役割

【矢野】 多分、成果にたどり着いている案件は全部そうなのですが、最初にコーディネータがフラグを立てないといけません。例えば、最初からこの枕で監修をお願いしますと言ったら、岡先生はあまり乗ってなかったと思います。そうではなくて、岡先生と会社側のメンバー全員でブレストしてつくり上げたこのコンセプトをゴールとしていこうということで、みんなワクワクしてやっていました。そこがあるから全員で進むのです。単純にそれだけです。みんながワクワクする仕事を最初にセッティングしたというそれだけです。

今もスタンスは変わらなくて、すごくありがたいのは、こちらが申し上げている要望に対して、それにマッチングする先生や大学をすぐに探していただけることです。この先生だったらこの分野は強いよと探していただけるところは、われわれには絶対にできないことなので、今後もお願いしたいです。

例えば、生地の組成を特殊なものにしたい場合にどうしたらいいですかと矢野さんにご相談したときに、回答をいただけるような連携をしっかりしていただいています。通常であれば生地が欲しい、素材が欲しいとメーカーに投げたら、例えば綿が何種類かあるよと回答してくれます。でも、私たちの探し物はそうではないのです。あるものを探しているのではなくて、ないのだけれどそれを考えてくれる人を探してくれるのが、連携なのかなというところです。無理難題をこちらが言っているのに、それに対して、いつもそれはできる、できないという回答を誠実に出してくれます。

新商品開発に向けてのミーティング

【矢野】 どれくらいの期間、何年ぐらいの単位で関わるかですが、例えば1つ目処が立ったので次というわけではなく、全部並行して進めます。並行して積み重なっていきます。ものによりますが、今回の枕は早いほうで、1年半ぐらいで形になりました。でもそれで終わりではなくて、継続してまだずっとフォローしています。

今は定期的に月に1回から2回、会社に来ていただいてセッションをするのですが、この枕の共同開発の契約は基本的には1年です。もちろん当社としてはこれ1つ作って終わりではなくて、第2弾、第3弾という形で作り上げていって、最後はブランド化していきたいと考えています。ブランド化するために、今後も岡先生はとても大事なキーマンになっていただけます。商品づくりも、われわれは頭がカチカチになっていて、ものづくりはこれしかできないと思っているところに、いろいろ助言してくださるのも岡先生であったり、矢野さんのような第三者のコーディネータの方でいらっしゃったりするので、やはり継続していきたいと思っています。優秀なコーディネータはリピートが多いです。3つぐらいの課題をやっていただいていることもありますし、多分一生付き合う気でやっているのでしょうね。

⑫ 産学連携の入口での地方銀行の役割と前に進めるためのコーディネータの役割

紹介いただいたのは愛媛銀行です。全部が全部ではないのですが、例えば地域振興のためにこういうことがありますよというのは、発信源は元をたどれば地元の銀行が多いです。ただ、それに対しての最終アプローチを銀行はしません。あとはお任せするのでどうぞやってくださいなので、銀行での窓口がどこなのかはよく分かりません。だから、産学連携を前に進めるためには矢野さんのような人、コーディネータが大事です。

【矢野】よくあるパターンは、銀行の担当者が定期的に1年から2年の短いスパンで替わります。そのときの引き継ぎで離れてしまうとか、大体そこがいつも切れ目になります。そういう意味ではTLOもしっかりと引き継ぎをしていかないといけません。

⑬ 産学連携から生まれた商品を前面に出して、今後も枕のブランド化をやり切る

革新的なアイデアを出したり、それを実践していくのは、自力では厳しくなってきていると思います。やはり頭が固まってしまっているので、新しい斬新なアイデアを入れるためには、産学連携をうまく活用していきたいというのが私の考えです。それがないと中小企業の中でのベンチャー的な活動はできないのかなと思っています。

今回は商品名に「愛媛大学」を入れているのですが、これはブランディングの1つだと思っています。「アンミ

ンピロー」と会社名を思い切り入れようかなとも思ったのですが、それを入れると製造メーカーの商品というイメージが付いてしまいます。ですので、これは愛媛大学との共同開発の商品だというのを、まず目に入るようなブランド化をしたいと思っています。この枕は産学連携から生まれた商品だということが、皆さんに分かっていただけるような商品作りをしたいと思っています。

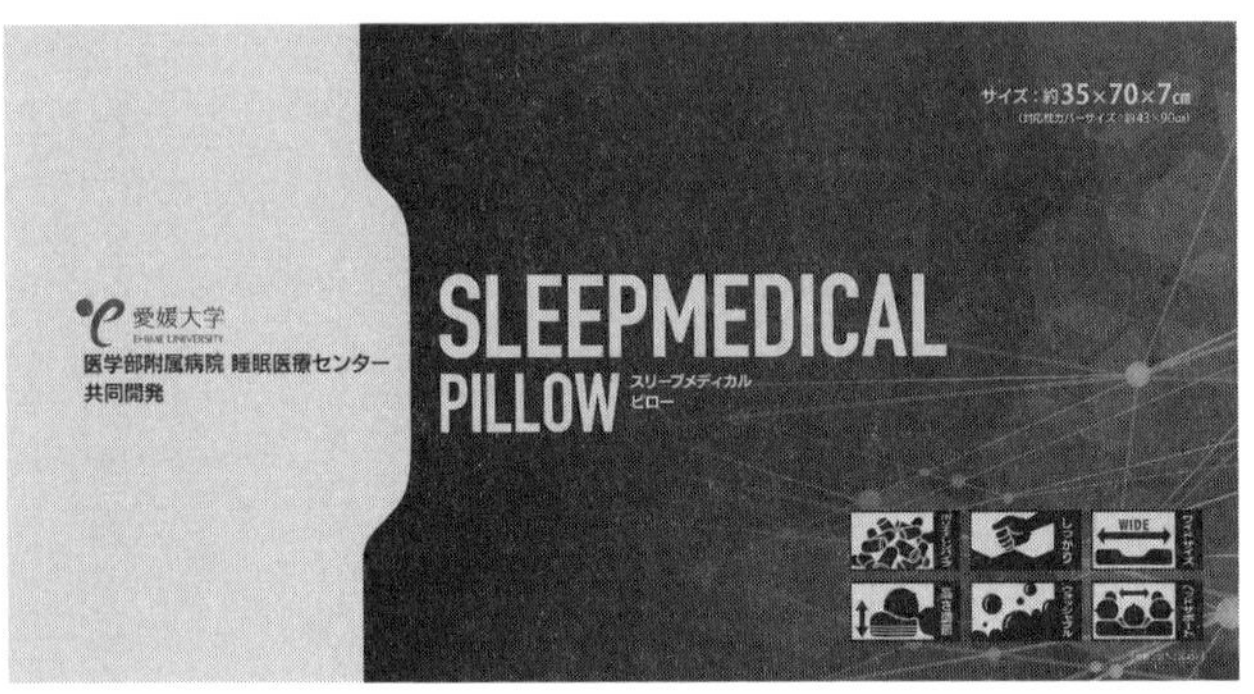

商品名に「愛媛大学」を入れたブランディング

愛媛では周りのお付き合いのある経営者仲間で、産学連携の視点で商品開発の取り組みをされている方はあまりいないです。ただ、当社がスマートメディカルピローを共同開発したときに、みんな「やりたい」と言っています。そういう意識はあります。産学連携をやりたいけれど、当時の私と一緒で、連携をするための窓口が分からない。どこの門をたたいたら、こういうことができるのかというのを全く知りません。

産学連携はやって良かったです。やり切ることだと思うのです。中途半端でやめてしまうと何もかもが中途半端になるので、やるからにはやり切ってほしいというところです。中途半端に産学連携をするなということですね。あれも良い、これも良いと連携をすると、良い商品ができません。「熟睡できる枕」を突き詰めたように、何かに明確に焦点を当てて連携していくのがいいと思います。とにかくあきらめないことです。とにかくやり切ることです。良い商品を作って、世の中に出してもらいたいと思います。私たちとしても大学との連携というところを大々的に出して、第2弾を商品化して、ブランド化をやり切りたいです。単発で終わっては意味がないと思っています。

CASE 4

マルノー物産株式会社　河村竜介（代表取締役社長）×
株式会社テクノネットワーク四国（四国ＴＬＯ）矢野慎一

マルノー物産株式会社

代表取締役社長

河村 竜介

かわむら りゅうすけ

大阪保健福祉専門学校卒業後、介護関連の会社に就職したが、父の健康状態が悪くなり、マルノー物産株式会社の経営をやめるかもしれないとのことで、2013年に同社に入社。養豚部でブランド豚の開発に携わる。その後も、愛媛大学・愛媛銀行・西条市・マルノー物産株式会社の産官学金連携により「吟醸ｅポーク」を開発し、愛媛を拠点に県外にも販売を行っている。農家が減少している日本で、若者に農業への興味を持ってもらえるように畜産見学会等も実施している。

会社名	マルノー物産株式会社
住所	西条市ひうち6－19
電話番号	0897－53－2159
事業内容	飼料製造・販売、養豚業、豚肉加工販売
従業員数	11人

【会社紹介】

1976年設立。飼料小売で事業をスタートしたが、1990年のマルカ養豚有限会社の設立に続き、1997年には肥料部門にも進出。松山～四国中央市間の農家・畜産農家を対象とした販売を手掛ける。2014年には、高品質な飼料と豊かな自然で育てた新商品「ひうちべっぴんポーク」を販売。2017年には、愛媛大学等と共同開発した豚の新ブランド「吟嬢ｅポーク」を商品化。

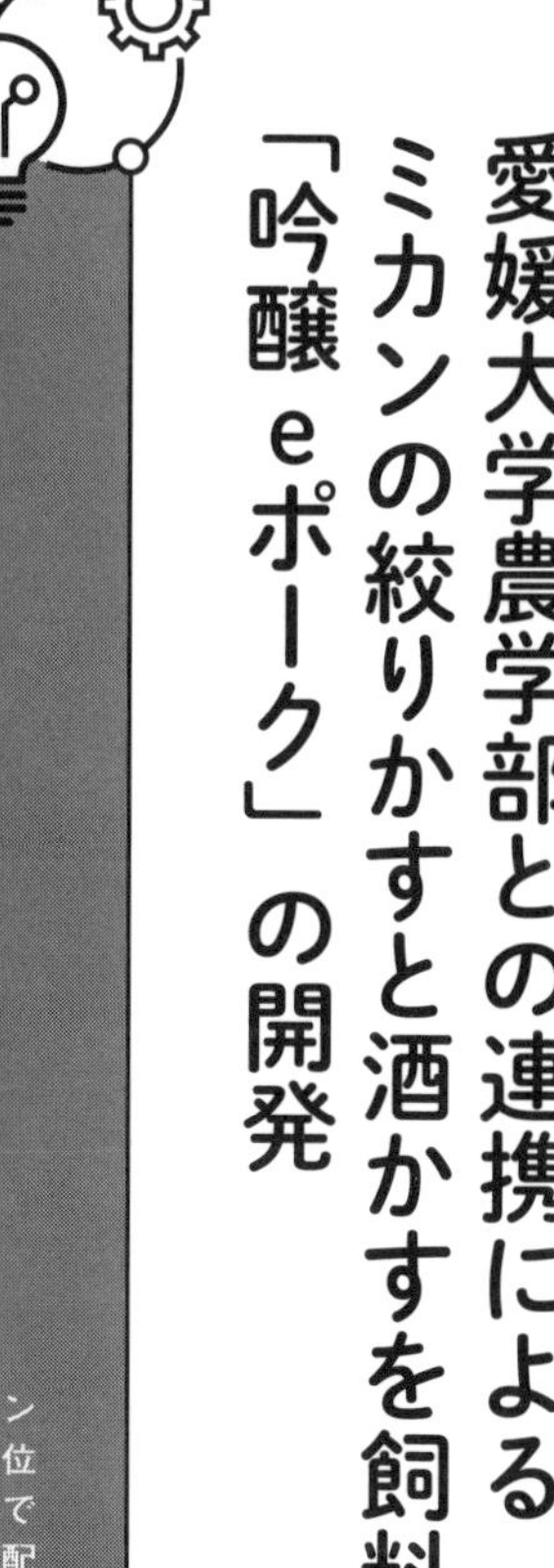

愛媛大学農学部との連携による ミカンの絞りかすと酒かすを飼料に用いた 「吟醸eポーク」の開発

株式会社テクノネットワーク四国
（四国TLO）

矢野 慎一
やの しんいち

近畿大学生物理工学部卒業後、株式会社Attackコーポレーションに入社。営業実績（教材の訪問販売）として、部門別全国第1位となり売上に大きく貢献。その後、水性塗料のパイオニア企業であるインターナショナルペイント株式会社に入社し、開発部に配属。塗料開発に携わりながら開発思想を学び、製造・品質管理も経験。ものづくりの試作から量産化までの工程を学ぶ。これらの経験を生かし、2009年に株式会社テクノネットワーク四国（四国TLO）に入社。現在までに、12製品の上市に寄与し、試作の設計思想からビジネスプランの構築、拡販支援まで行っている。

会社名	株式会社テクノネットワーク四国
住所	香川県高松市幸町1－1 香川大学 幸町北キャンパス研究交流棟3階
電話番号	087－813－5672
事業内容	大学技術の技術移転
従業員数	13人

【会社紹介】

大学等から生み出される知的資産によって、四国地域の社会と産業の活性化を図ることを目的として、徳島大学、香川大学、愛媛大学、高知大学、高知工科大学が中心となり、2001年に技術移転機関（TLO）として設立。技術移転にとどまらず、企業と大学等の共同研究、プロジェクトの立ち上げなど、幅広い活動を行っており、これまでに100件を超える事業化に寄与してきた。

① 創業時の飼料の小売から養豚や肥料へと事業を展開

１９７６年に創業して、有限会社にしました。今の場所に移転したのは、１９８３年です。元々、畜産系統の餌（家畜飼料）を販売していたので、１９９０年にマルカ養豚有限会社という子会社を立ち上げ、養豚部を設立しました。飼料を売るには、アドバイスができないといけません。そのため、自分のところで生産物を扱うことになりました。豚に特化して餌を売っていたので、養豚部を設立したわけです。

その後、１９９７年には肥料部も設立しました。生産物を扱っていると、堆肥が出るので、肥料関係も出さなければならなくなってきました。弊社の飼料購入先である中部飼料が、肥料も販売しているので、飼料と併せて、弊社が肥料の販売代理店になることになりました。

食肉部に関しては、肉嫌いな人でも食べられる豚肉、ブランドの豚をつくることになり、メーカーと協力して「ひうちべっぴんポーク」という名前のものを作りました。ただ、ブランドは作りましたが、自社での販売はしていませんでした。日本ハムや協食に卸させてもらって、そこがブランドとして販売していました。ブランド料として加算するような形では販売していましたが、そんなに利益が生まれるわけでもありませんでした。

マルノー物産株式会社　社屋

広々とした環境で豚を健康的に飼育

ブランド豚の「ひうちべっぴんポーク」の開発

創業者の河村勝治が2010年に社長から会長になりました。田口順三氏を社外からスカウトし副社長としていたので、そのまま田口氏が一時期社長に就任しました。2014年、私がマルノー物産に入って統括部長をしていたときに田口社長が退職して、社長不在のまま続いていたので、2017年に私が社長を継ぎました。

② 愛媛銀行からの紹介で愛媛大学との産学連携がスタート

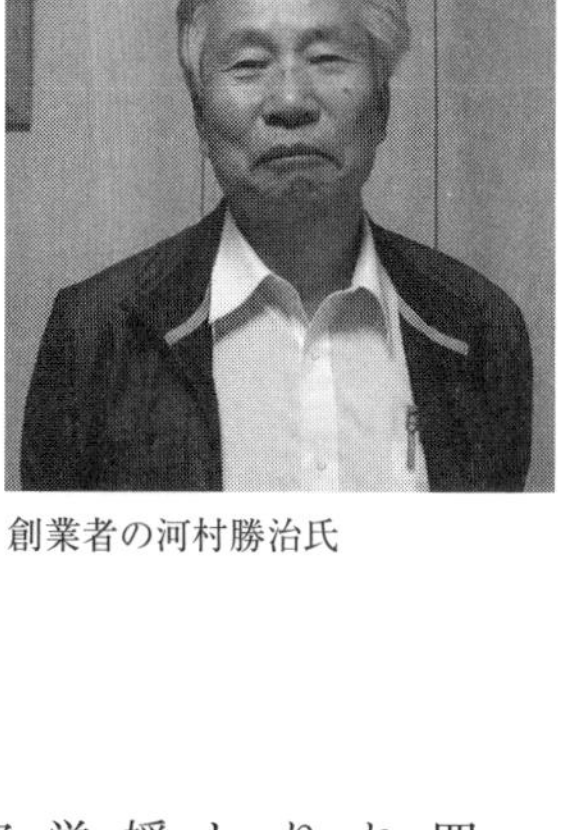
創業者の河村勝治氏

おいしいブランド豚になっているから自社で売ろうよということになって、私が食肉部門も創って販売するようになりました。ただ、どうしても売りが弱かったです。「何が入っている」と言われても、「バランスのいい餌だ」、「植物性タンパクが入っている餌でつくっている豚肉です」としか言いようがありませんでした。

そのような中で、地元の愛媛銀行が四国TLOの矢野さんを紹介してくれました。その話の中で、ミカンの絞りかすを餌に使った豚肉をやってみましょうかということになりました。愛媛大学の菅原卓也教授（愛媛大学大学院農学研究科附属食品健康科学研究センター、センター長）が開発したN+から、「ミカンの絞りかすが余っているから食べさせたらどうか」という発想から生まれました。

愛媛大学の菅原先生はN+を開発した先生です。専門分野は、機能性食

株式会社テクノネットワーク四国 社屋

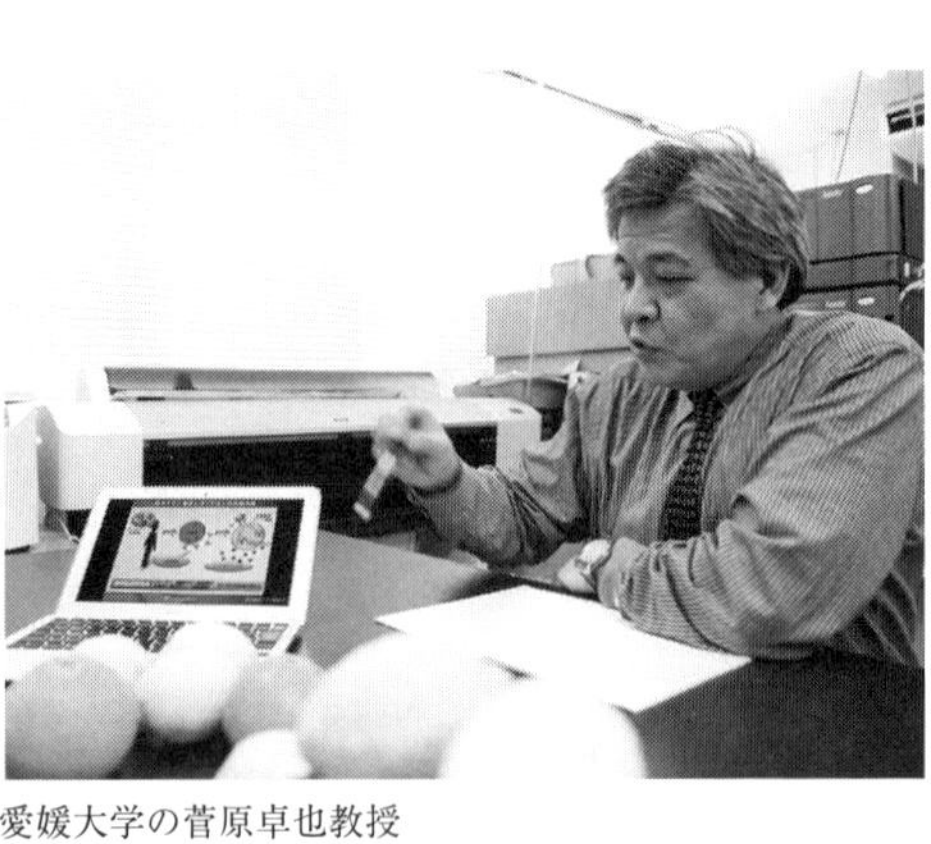
愛媛大学の菅原卓也教授

品や栄養素を研究している先生です。菅原先生は食品開発などを、他社ともたくさん連携しています。N＋も先生主導です。菅原先生はこの領域でとても有名でした。

　地方銀行の愛媛銀行とのネットワークがなかったら、このプロジェクトに関わることもなかったのかもしれません。自分自身は、高校卒業して今治造船で塗装の仕事を6年ぐらいしていました。その後に、保育と介護の勉強をするために専門学校に3年ほど行って、介護の職を大阪でしていました。妻もできて、実家に戻ってきたところ、創業者の父が病気で、「もう会社をたたまないかんかな」という話が出て、２０１１年に就職することになりました。愛媛銀行には、「面白い話があったら紹介して」と父は言っていたようです。私はその当時、統括部長になって1年も経っていなかったときでした。ただ、養豚部でしたので、生産物しか扱っていませんでした。

3 鯛の骨とミカンの皮を餌に利用することから試行錯誤の連続

【矢野】会長が、大学との連携とか新しいことをするときは声を掛けてくださいみたいなことが多分あったのでしょうね。補助金を得るために、急いで事業化のストーリーも書きました。愛媛大学の土居修身教授（当時、愛媛大学社会連携推進機構 知的財産センター長）に知恵をもらって、「飼料にしなさい」となりました。当初は、鯛の骨を餌に使おうというものでした。鯛もたくさん取れて骨が余っていたので、それを狙いました。ものづくり補助金は無事採択されました。

　その後、生育とか肉質に影響を与えないということが分かってきました。養豚の経営者の方とかメーカーの方とかにいろいろ聞くと、骨自体は魚粉でやっていることが多いようです。それで肉の味が変わるかというと、可能性がないと言われました。豚自体も元気にはなるが、肉質的なものには全く影響を与えないと言われました。

もう1個の大きな課題は、養豚場は密集度が高いので、1頭病気に感染すると他の豚もばたばた死にます。歩留まりで言えば、10%以上は毎年死んでいます。それはマルノーさんだけではなく、全世界的な問題です。今、それに対して、飼料にワクチンを入れています。ワクチンを入れて病気は減りましたが、次に出てきた問題として、耐性菌が出てきていることです。それを人が食べて、人の病気に薬が効かなくなってきていることが世界的に問題になっています。WHOがそれでは駄目だとなれば、ワクチンフリーへと元に戻るだけです。

だから地元産品を使って、豚の元々の免疫力を高めて、病気になりにくい家畜飼料をつくることをテーマにしていました。他に免疫力が上がるものは何かというので、愛媛大学の菅原先生も入れてディスカッションをしました。ミカンの皮は免疫力が上がることを先生は知っていました。

ミカンの絞りかすを餌に活用

4 酒かすが肉質に効果があることを知る

【矢野】それでいろいろ調べると、酒かすだと肉質がとても柔らかくなるということを広島の西条市でやっていることを知りました。メーカーに一応聞いてみると、効果の可能性はあるということでした。実は以前に同じ西条市にある石鎚酒造に別件で行ったことがあって、酒かすの処理に困っていることを知っていました。それで、急いでつなげました。吟醸酒だから普通の酒かすよりも良いものです。地元のオール西条ならもっと面白いというので2社をつなげました。ただ、酒かすにたどり着くのに、時間はかかっています。

その後、試食会を2回開催しています。飼料の配合を3群に分けたお肉を作って、菅原先生の知り合いのイタリアンのシェフに頼んで料理を作ってもらい、20人ぐらいでどれがおいしいかについてアンケート投票をしました。愛媛銀行にも入ってもらいました。おいしいものは票が多かったです。菅原先生もすごく協力的で、アンケートを全部作ってくれたり、場所も提供してくれるなど、このプロジェクトに対しても前向きでした。試食会から商品化までは、飼料の配合がある程度決まってからはすぐでした。

⑤ 商品のネーミングと餌のやり方については苦労

ただ、「吟醸 eポーク」というネーミングには時間を取りました。酒かすは、吟醸酒のものをあげています。このネーミングだけは、決定するまでに4カ月ぐらいはかかっています。愛媛と愛媛大学の「e」です。「e」の部分は、特に、愛媛大学のオレンジ色です。

石鎚酒造の吟醸酒の酒かすを餌に活用

イタリアンレストランでの肉の試食会

餌のあげ方についても、すごく困りました。豚にミカンの絞りかすを生で食べさせると、餌をあまり食べなくなってしまいます。それは、酒かすも一緒でした。普段は自動給餌器で餌をあげますが、さすがに生のものを自動給餌器ではあげられません。しかも、その酒かすの配合が多い餌に関しては、本当に餌を全然食べなくなってしまいます。そうなると豚に悪影響が出てきます。そのため、時間も3分割にして酒かすをあげたり、酒かすをドライにして食べさせたりもしました。酒かすをドライにすると、肉の品質にはあまり効果が表われませんでした。試行錯誤を重ねました。「ひうちべっぴんポーク」の家畜飼料に、ミカンと酒かすを入れているだけという単純なものではありません。

ブランド豚の「吟醸eポーク」の開発

⑥ 産学連携の経験によってネットワークが拡大し、自身の考え方にも変化

ネットワークが広がったのは一番大きいと思います。今まで、大学関係の方とお会いすることは全くありませんでした。畜産の鶏肉の事業をしている方と知り合いになれたりもしましたし、今使っている技術について、別の大学の先生の視点から畜産部門の話なども聞くことができました。また、今まではテレビ取材は全くありませんでしたが、テレビの取材も受け、プレス発表をして、西条市センターにメディアがたくさん来ていました。菅原卓也先生、遠藤明弘代表取締役常務（愛媛銀行）、大橋裕一学長（愛媛大学）、武田仁志副市長（西条市）、河村竜介代表取締役社長の5名（写真の左から順）が揃い、産官学金で大々的にプレス発表を行いました。

当時の私は統括部長でした。大学関係の方と知り合えたのは、矢野さんとのご縁がなければなかったことだと思います。人前で事業のことを話すことは勉強になりましたので、今後もこうした勉強をしなければいけないと思っています。自分のスキルを向上できるように、西条青年会議所などで、前に

産官学金そろっての「吟醸eポーク」のプレス発表

出てしっかりと経営について話すことができる経験もしようと考えるようになりました。そのために西条青年会議所にも加入しました。

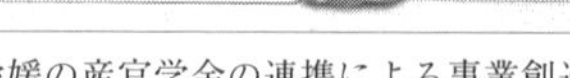
愛媛の産官学金の連携による事業創造

⑦ 肉質のさらなる向上に向けて試行錯誤を繰り返す

生産物を作るプロとしての意識は持っていますが、肉質に関しては全くのど素人でした。これに関しては菅原先生に協力してもらわないと、何も分かりませんでした。何を与えたら豚の肉質が変わるのかについて、本当に重視してもらったと思います。あのときは菅原先生も正解が分からない状態でした。まずは、やってみないと分からないという段階だったと思います。餌のやり方にしても、「こういうやり方をさせてもらっても大丈夫ですか」というような感じでした。

実際、駄目なものも与え続けて、そのときにはどういう変化が起こるかがわかりました。例えば、ミカンの絞りかすを食べさせ過ぎると、豚がスマートになりました。マッチョ豚になり、旨味である脂身を逆に阻害してしまいます。実際にそれをやり続けた結果、大体3週間から1カ月ぐらい成長が遅くなりました。本来であれば、そろそろ丸々とした豚ができるところが、その豚だけがスマートでした。逆に、酒かすだけを食べている豚は、普通の一般的な餌はあんまり食べておらず、飼料効率が良い状態でした。ただ、原価を考えると酒かすのほうが高いので、それだけを与えるとコストは上がります。実際のやり方としては、コストも含めてのベストのミックス方法を探し、肉質が一番良くなることに重点を置いています。

月に大体1回ぐらいのペースで菅原先生とはやり取りをして、密なときは、もっとやり取りしました。菅原先生はとても忙しいのに、こんなにお会いいただいて大丈夫なんだろうかと思うぐらいでした。私が、愛媛大学に行く方が多かったです。どうしても、畜産事業は病気関係があるので、あまり会社への人の出入りが期待できません。

⑧ 産学連携コーディネータも大学教員も自分事として事業開発を楽しむ

矢野さんには、その後も大変お世話になっています。マッチングに関しては、すぐ行動していただきました。その他にもアイデア出しや段取り、販売も一緒にさせていただきました。道後温泉にも飛び込みで一緒に営業に行きました。なかなか先に進まない感じになっていたので、上からも全部話をしていただいて、道後温泉と直接取引をさせていただきました。たまにご連絡をいただいて、「ここを紹介しておいたからって」言われたりします。

【矢野】 人が替わると連携が途絶えてしまいます。結構それは問題と言えるかもしれません。遠方でも継続してアシストすることが重要です。

事業をどんどん拡大していこうと思っているので、連携に関しては、今も行政の方と一緒にしています。西条市です。愛媛大学も菅原先生が、大学の食堂にも話をしてもらっています。

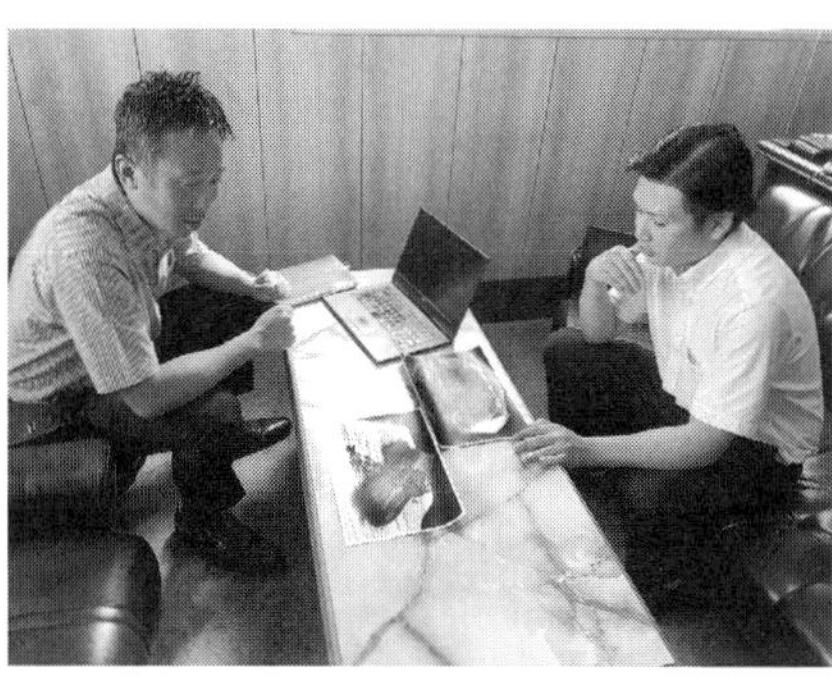
新商品開発に向けてのミーティング

【矢野】 菅原先生も「吟醸eポーク」を売り込んでくれています。大好きなのですよ。みんな楽しいのですよ。コミットしているから、自分の子どもみたいなものです。自分事のようにされますね。自分事のように、かわいいのです。商品を監修するだけのレベルだと、そこまで子どもというような感じにはなれません。共同開発で密にやり取りすることで、一緒に育てたという感じがあります。関わった人みんなが応援団みたいです。コーディネータの仕事は、負けの人がいないWin-Winの関係を作っていくことが重要ですね。

大学の先生が振り回して終わりみたいなケースも非常に多いです。これが対極の悪いケースです。企業と先生をマッチングして、後はほったらかしになったとしたら、菅原先生に「この飼料は駄目ですよ」、

「先生がミカンが良いって言ったじゃないですか」、「ミカン食べたら駄目ですよ」とはなかなか言いづらいですよね。だから、クッションを置くことです。企業の方は先生には直には言えないので、コーディネータはクッション材みたいな感じです。そういう役割だと思っています。

デザインやネーミングも一緒に考えてもらいました。大学では先生の生徒にもネーミングの募集をさせていただきました。菅原先生は学生参加型っていうのが好きなんです。だから、本当はデザインも大学の生徒に募集してやろうという話はありましたが、プロのデザイナーの方からそれはストップとなりました。

9 「吟醸eポーク」を余すことなく使うために、さらなる課題解決に向けて一歩前進

今回の「吟醸eポーク」については、肩ロースには余る部位があります。バラとかロースとか、これらは主軸で売れますが、他にも余るところがあることが課題です。モモやウデは、加工すれば皆さん結構使っています。もう1つの問題が、ハム・ベーコンやウインナーを作る会社自体が少ないことです。四国自体にあまりないです。

【矢野】「吟醸eポーク」を余すところなく全部使っているハム屋さんは見つけてあげたかったです。そこは、できずに課題として残ったままです。四国を結構探しましたが見つかりませんでした。

あるにはあります。ただ、小ロットで製造することが難しいです。1トンであればできるよっていうところばかりです。農協が自ら加工物を手がけましたが、「あれはやめておけ、絶対失敗する」と言われました。一気通貫でやるのは、しっかりしたペースで事業ができるようになってからです。大ロットで製造しないと売れないし、安定供給の問題もありますし、販売力の問題も出てきます。販売力がなければ、作ってもただ金を使うだけになってしまいます。初めは自社製造ではなくて、外注でやった方がいいと思っています。特に、ハム・ベーコンやウインナーはそうだと思います。

【矢野】一度、個人でやっているようなところに電話で話したことがあります。自分のところの農場のものを生産するから、他のものを入れ

たくないみたいです。だから、こぢんまりと生産を行っているところでは障壁があります。

現時点では、一応、ハム・ベーコンは作れるところを見つけました。ウインナーは、今のところ見つかっていないです。ハム・ベーコンと焼き豚は、松山に個人で生産されている方がいます。従業員が見つけてきました。従業員も連携をしてもっと売りたいとか、

ハム・ベーコンの商品化

河村社長と社員

そういう意識に変わってきています。自分のところでできることをして、どんどん売っていきたいと従業員も思っています。産学連携をする前は、売り始めの段階にあったので、従業員もそこまでは考えていない状態にありました。ブランドとか自分のところの豚に誇りを持って、これをもっと広めたいという考えが従業員に広がってきています。

⑩ 産学連携に関心を持って、まずは一度トライしてみることが大切

産学連携については、食わず嫌いの人もいます。食わず嫌いな人でも、まずは意識して食べていくことが一番です。食わなければ分からないというところもあるので、好奇心を持つことが一番大事だと思います。何にでも好奇心を持たないと、それに対して動けません。産学連携自体にもやっぱり興味を持って、取りあえずは見ていかないと、先には進めません。そこが、一番の重要な点だと思います。

西条の地元の青年会議所の会員の経営者の産学連携への意識ですが、使えるものは使おうっていう社長が多いと思います。ただ、自分に使えるかどう

かが分からないのが一番の問題です。

【矢野】だから、やっぱりビジネスとつなぐ通訳者が大切ですね。

シイタケとミカンの絞りかすを使った研究をしたい方が私の周りにいました。愛媛県の南予の方で、「ものづくりのミカンかすの件で、ちょっと電話させてもらいました」という話が以前にありました。このときは私が逆にこの方に矢野さんを紹介しました。こういうケースも結構多いかなと思います。ものづくりに関してもしくは愛媛大学との共同研究に関してとなると、問い合わせが来たときは、いつも矢野さんに連絡させていただいています。

コラム

期待されるファミリービジネス研究の進展

ファミリービジネスは，未公開企業だけではなく公開企業においても代表的な組織形態です。また，ファミリービジネスの業績および株価パフォーマンスは，非ファミリービジネスよりも高いことが世界的に明らかになってきています。しかし，なぜパフォーマンスが高いのかについて，ファミリービジネスと非ファミリービジネスの戦略の違いは何か，その戦略の違いが企業のパフォーマンスとどのような関連性を持っているかという側面にまで切り込んだ研究はほとんどありません。ファミリービジネスは「長期的視点で経営にあたる」といった指摘が神話的にされますが，この問題に実証的に取り組んだ研究は，まだほとんどないのが現状です。

河合雅司著『未来の年表』講談社現代新書（2017年）が話題となりましたが，わが国の人口減少と少子高齢化の急速な進展は，とりわけ地域経済の未来に深刻な影を落としています。地方創生の視点からも，ファミリービジネスのイノベーション活動と地方創生との関連性を実証的に研究し，学術的，実践的，政策的なインプリケーションを提示することが重要です。

日本全体で見ても，企業の大半は中小企業（ファミリービジネス）です。とりわけ地方では大企業は少数であり，その傾向が一層強いといえます。地域経済において大半を占める中小企業（ファミリービジネス）のイノベーション活動を通じた地方創生に期待せざるをえません。ファミリービジネスの持続的な成長を視野に入れたイノベーション活動（企業の設備投資，研究開発，子会社設立，分社化，M&Aの実施，産学連携など）の実態を実証的に明らかにする研究の進展が期待されます。

地方のファミリービジネスには，地方のあるべき姿としてどのような未来を目指すのかを考え，中長期的な視点から両利きの経営に基づくイノベーション戦略を構築・実践することにより，地方創生の中核的役割を果たすことが期待されています。

CASE
5

圓井繊維機械株式会社　圓井　良（代表取締役社長）

圓井繊維機械株式会社
代表取締役社長
圓井　良
まるい　りょう

同志社大学工学部を卒業後、三菱自動車工業株式会社に入社、自動車エンジンの生産技術、品質管理を担当。家業を継ぐため、1994年に父が創業した圓井繊維機械株式会社に入社、専務取締役を経て、2007年に代表取締役社長に就任。同志社大学では、ラグビー部に在籍。当時、学生史上最強と言われミスターラグビーと呼ばれた故平尾誠二氏と共に、大学選手権３連覇を達成した。後に三菱自工京都ラグビー部主将や同志社大学ラグビー部監督も務めた。京都工芸繊維大学で博士号を取得。

会社名	圓井繊維機械株式会社
住所	大阪市旭区高殿２丁目１番15号
電話番号	06-6923-2615
事業内容	繊維機械類、家庭用/工業用ミシン・筒編機などの製造販売
従業員数	3名

【会社紹介】

1970年創業当時から、高級ニット製品の襟付けに必要なリンキングミシンなどの繊維機械類、家庭用/工業用ミシン・筒編機を製造販売している。「編む・織る・縫う・組む」の繊維のあらゆる加工技術を応用して、お客様のニーズにワンストップで対応し、服飾関係から炭素繊維材まで幅広い製品を開発する。2015年には、医療機器製造業認可を取得。これまでに培った技術を用いて、医療系の大学や大手医療機器メーカーと共同で人工血管やステントなどの医療機器材料の開発を手がける。

先端医療機器にトライ、元ラグビー有名選手が産学連携で挑む新事業の創造

①　集団就職で関西へ来た父親が独立、圓井繊維機械を創業

当社の創業は1970年です。私の父、圓井康三（現会長）が創業しました。父は秋田生まれで、秋田工業高校の機械科を卒業後、集団就職のような形で、神戸にあるミシン部品卸問屋に就職しました。テレビドラマ「どてらい男※」を見て、わしと一緒だと言ってよく涙を流していたのを覚えています。父は、ミシンの部品を売るために、自転車で神戸や大阪の得意先を回っていたそうです。その得意先の一軒がうちの母親の実家のミシン屋でした。結婚してからは母親の実家のミシン屋で働き、そこから独立する形で創業したのが当社の始まりです。

創業者　圓井康三
代表取締役会長

※1973〜1977年に放送された大ヒットドラマ。故郷の福井から出てきた主人公が、大阪の機械問屋の丁稚奉公から様々な苦労を経て、自分の店を持ち大成していく物語。

1970年の創業当時は、父・康三が開発したリンキングミシン（商品名：マルサンリンキングミシン）が飛ぶように売れて、多いときは月に300〜400台売っていたそうです。私が子供の頃に見ていたうちの会社は、これはまあ景気がいいというか、すごく儲かるものだと思っていました。私もよく休みのときに段ボールの荷造りを手伝わされていましたし、沢山の下請業者を抱えて手広く商売をやっていました。

圓井繊維機械株式会社　社屋

リンキングミシンとは、高級なニット製品、セーターなどの襟付けのとき

に使うミシンです。当時は、ヨーロッパ製のリンキングミシンはあったのですが、ミシン自体が大きく、ゲージと呼ばれる編み目サイズを変えようとすると、それぞれのゲージの専用ミシンが必要で広いスペースがないと各ゲージのミシンを置くことができませんでした。一方、日本で開発されたリンキングミシンは、普通の家の中にも置ける小型のサイズで、3ゲージから22ゲージまで揃っており、ゲージを変える場合も簡単にミシンを入れ替えることが可能です。当時、日本のニット製品作りは、糸屋さんは糸だけ、編屋さんは編むだけといった分業制で、それぞれの工程は家の中で作業をする内職が多かったため、小型で持ち運びが可能なリンキングミシンは日本の市場にすぐに受け入れられました。しかし、当時のリンキングミシンでは縫製不良率が高かったため、父はその原因を解明し、送りギアという部品の構造を一新し高精度な縫製を実現させました。

創業当時の圓井繊維機械

マルサンリンキングミシン

1980年頃になると、状況は少しずつ変わってきます。中国での経済解放によって日本の多くの縫製業者がこぞって中国進出を図りました。当初はマルサンリンキングミシンを始めとする日本製の縫製機器を持ち込んでいましたが、人件費削減に加えて設備投資削減により台湾製のリンキングミシンを使用する企業が増えてきました。うちのミシンとは形が少し違うものなのですが、ヨーロッパ製よりは小型のものでした。その台湾製のリンキングミシンは、日本では性能が悪すぎて全く売れなかったのですが、中国本土では廉価に加えて共通言語が功を奏し、飛ぶように売れていました。中国市場は、完全に台湾メーカーに席巻されてしまいました。

１９９０年頃になると、日本の繊維会社も中国や韓国や台湾に工場を作るようになって、日本国内の繊維業界の市場が急激に縮小しました。私が三菱自動車工業を辞めて圓井繊維機械に入社したのが１９９４年で、この時すでに稼ぎ頭だったマルサンリンキングミシンの売上はピーク時の半分以下に激減していました。実はうちの会社も中国に工場を作ろうかという話があったのですが、結局はやりませんでした。あのとき中国に工場を作っていれば、その後どうなったかは分かりません。

父は家業を継いで欲しいと考えていたわけではなく、ずっと大企業で安定している三菱自動車工業で働いていて欲しいと思っていたようです。でも私は、継がないといけないものだと中学や高校の頃から勝手に思っていました。中学からラグビーに没頭していましたが、大学進学時に学部を選ぶときは、家業に近い工学部の機械工学科にしましたので、自然の成り行きだったと思います。これまで親にラグビーをさせてもらったことへの恩返しの気持ちが少しはあったかもしれません。結局、三菱を辞めて家業を継ぐことになりました。しかし、この時は、後に圓井繊維機械が大変な状況になることは知る由もありませんでした。

1985年大学選手権決勝（同志社大学 対 慶応大学）
右から３人目が圓井良社長、
左から２人目は故平尾誠二氏

② 大阪産業創造館の中小企業応援サイトBplatzがきっかけ

１９９４年に圓井繊維機械に入社してからは、とにかく売上が半減したマルサンリンキングミシンをどこかに売らないといけない、そればかり考えていました。国内よりも海外に商機があるのではないかと考えて、三菱の退職金をはたいてインドネシアなど東南アジアに行き、三菱のインドネシア工場を訪問したり、三菱時代の伝手をたどって、知り合いにうちのリンキングミシンを紹介したりしていました。いろいろと活動はしましたが、なかなかうまくいきませんでした。

そんなとき、大阪産業創造館で働いている小・中学校の同級生の長谷川新さんから、大阪産業創造館が発行している中小企業応援雑誌『Bplatz press』に出てみない？　というお誘いがあり、快諾しました。長谷川さんは、うちの会社の窮状を察してくれて、いろいろとアドバイスをくれました。大阪産業創造館のセミナーを紹介いただいて、自己啓発も兼ねてセミナーに参加してみると、大手繊維メーカーOBの産学連携コーディネータの方から、「京都工芸繊維大学にハマダという先生がいるから、一度会ってくるといい」と教えられ、早速会うことにしました。

Bplatz press

③ 京都工芸繊維大学の濱田教授との出会いは"目から鱗"

濱田教授は、うちの会社の技術を見るなり、非常に面白い、いろいろなところで使える、と言ってくれました。炭素繊維を樹脂で固めて複合材料にすると、金属よりも軽くて剛性の高い工業材料になるとか、いろいろな産業資材の用途もあるということを教えてくれました。私は、これまでうちのリンキングミシンについて、ニット製品以外の用途を探すと言いながら、服飾の飾りとか、ファッション関係ばかりを追っていました。そういった意味で、

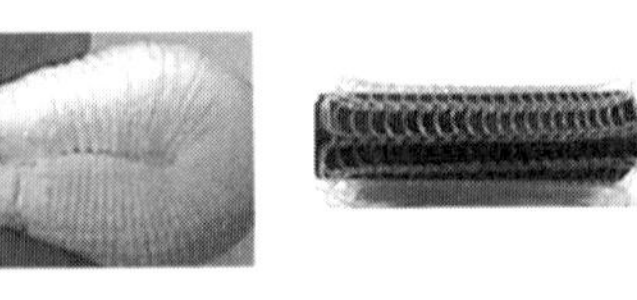
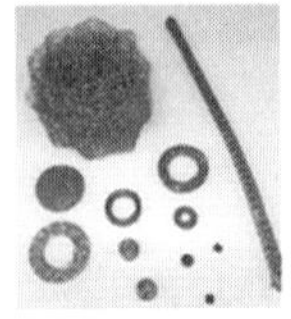
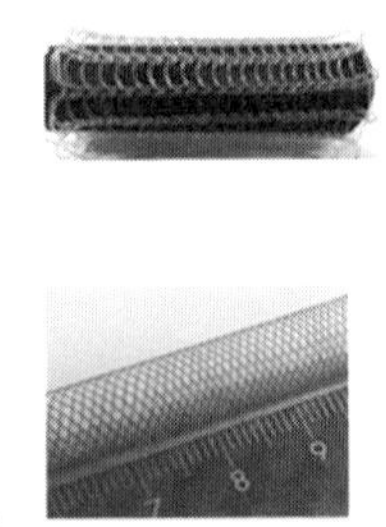
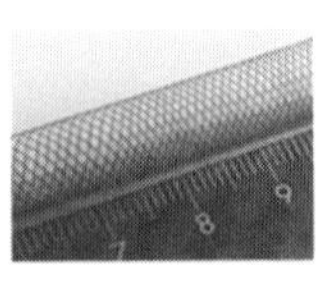
製編技術を新しい高付加価値製品開発に応用

工業材料や産業資材に使えるという濱田教授のアドバイスは、新しい発見であり、まさに目から鱗が落ちる状態でした。

そんなときに、テキスタイルデザイナーの新井淳一さん（故人）がうちの会社に来られて、金属線であるステンレスの糸を編んでほしいと依頼されました。ステンレスの糸を編むなんて、我々の業界では前代未聞のことであり、これまでは繊維の糸しか編んだことはありませんでした。しかし、濱田教授のアドバイスもあって、ステンレス線用にうちの編機を改良して、苦心の末にステンレスの編物を完成させました。そこで初めて、うちの会社の強みが分かりました。うちの会社の強みは、50年以上蓄積してきた「編む・織る・縫う・組む」の繊維のあらゆる加工技術であることに気付いたのです。ちなみにこのステンレスの編物は、アメリカ・ジョージア州コロンバス市のコンサートホールである「リバーセンター」のロビーの壁面に今も展示されています。

④ 関西医科大学庄村医師との出会いから医療材料開発をはじめる

「関西医大の庄村です」とうちの会社に突然電話がありました。よく聞くと、関西医科大学の放射線科で、外科医をされている先生で、新聞記事を見て電話してきたとのことでした。中小企業応援雑誌『Bplatz press』に掲載されてから、有難いことにいくつかの新聞や雑誌に取り上げてられていました。庄村先生が言うには、うちの会社の「編む技術」を使えば、新しい人工血管やステント※ができるかもしれないとのことでした。人体に人工血管やステントを留置すると一定期間で取り換えなければならず、患者への身体的負担が大きいのです。庄村先生は、時間が経てば体内で溶けて、かつ曲げても折れ曲がらない人工血管やステントを探索されていました。

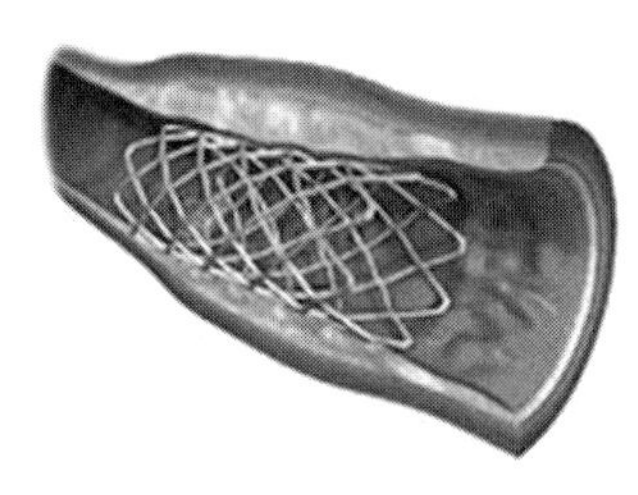

ステントの例

※血管や気管など、人体の管状の部分を管腔内部から広げる医療機器のこと。

とりあえずやってみましょうということになり、庄村先生との共同研究が始まりました。試作品レベルのものはできるのですが、それが本当に医療機器として使えるは、動物実験などを行う必要があります。でもうちの会社には、十分な研究開発資金がありませんでした。そんなとき、ちょうど、同志社大学ラグビー部の後輩で、当時立命館大学で産学連携コーディネータをやっている者がいたので相談してみました。すると、国の補助事業に応募して研究資金を獲得しましょうということになり、あれよあれよという間に、経済産業省の大型の補助金に採択されて、関西医科大学、京都工芸繊維大学、圓井繊維機械の三者による医療機器開発プロジェクトが始まりました。この立命館大学産学連携コーディネータの後輩は、国の補助事業の提案書の書き方や、プレゼンのやり方のノウハウを熟知していて、とても頼りになりました。やはり、国の補助金などに応募する際には、産学連携コーディネータのようなプロの方に相談すべきだと思います。

医療機器開発プロジェクトで新しく開発したステントは、ステンレスとポリエステルの異種材料を当社の独自技術である筒編み物の製編技術で管状にし、エレクトロスピニング法といわれる紡糸技術を使ってポリウレタンナノファイバーを巻き付けた構造の高分子ナノファイバー医療用チューブです。国の補助金を使わせていただいて、チューブの弾力性や耐久性、ポリエステル材料の生体親和性など、人体への適合性の研究を行いました。まだ試作段階ですが、複雑な血管や気管に対応できる幅が広がれば、動脈瘤や心疾患、関節部への適用などに展開できる可能性があります。

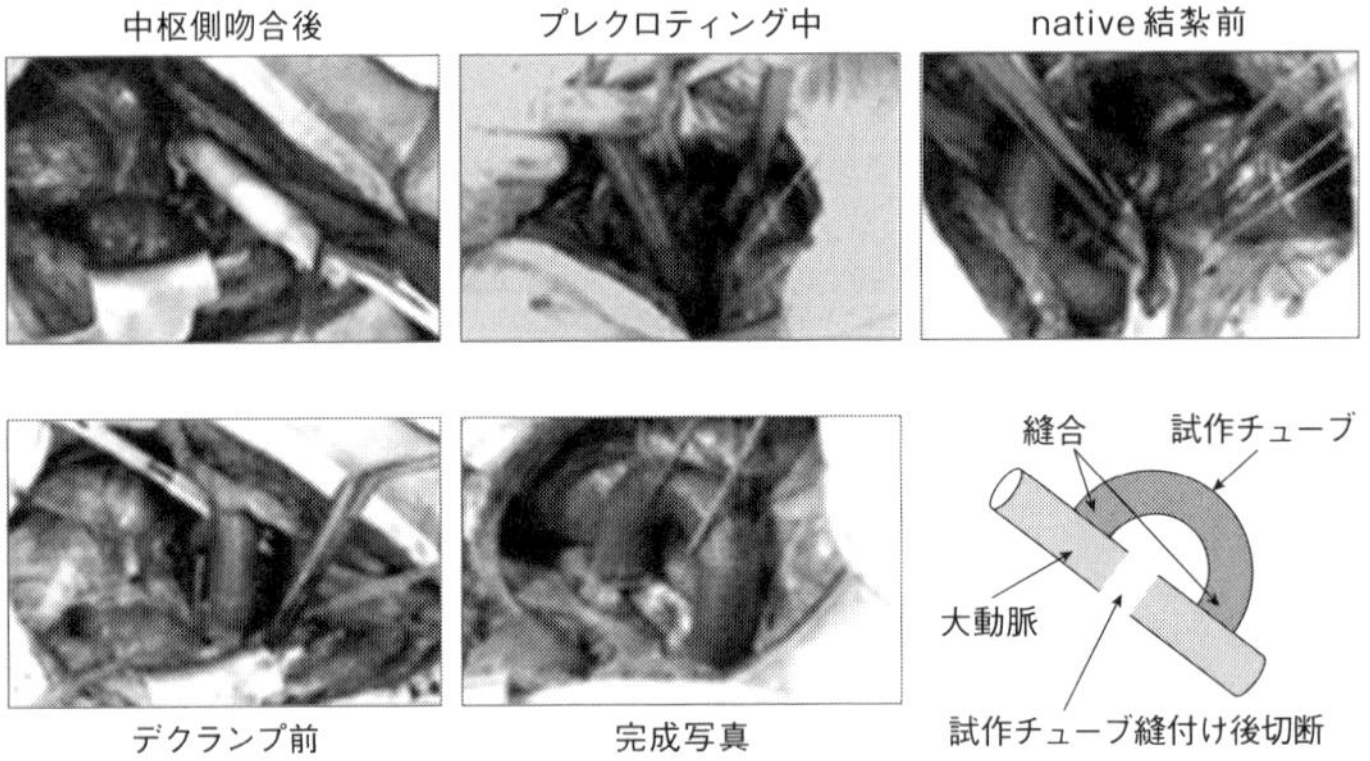

開発したステントの動物実験（庄村医師提供）

医療材料の開発として、その他には、徳島大学歯学部の先生と一緒に、スキャホールドと言われる骨芽細胞増殖のための骨再生足場材料の共同開発をしています。また、秘密保持の関係から詳細は言えませんが、大手医療機器メーカーとの共同開発を行っています。これらの共同開発においても、大学と連携しながら国の補助金制度をうまく活用して実施しています。これらの取組みは、伝統的な編物技術の最先端医療材料への応用事例として、多くの新聞や雑誌に掲載していただきました。お陰様で、営業活動は特にしていないのですが、国内外の大学や研究機関、医療機器メーカーから問い合わせをいただくようになりました。それらは、全て当社のホームページからアクセスされています。ホームページの立上げは、他の中小企業に比べて、かなり古くからやっていましたので、それも影響しているのかもしれません。

5 濱田先生、庄村先生との出会い、産学連携で人生が拓けた

三菱自動車工業を辞めて、家業の圓井繊維機械に入社してから、会社を立て直すために中小企業の経営者の集まりや、異業種交流会のようなものにもよく参加しましたが、当社にとってはあまり意味がありませんでした。ほとんどの中小企業の経営者が「もうあきまへんねん」といったお先真っ暗のような話ばかりしていました。しかし、京都工芸繊維大学の濱田先生や、関西医科大学の庄村先生と出会って、人生が変わったというか、明るい兆しが見えました。後に、私も京都工芸繊維大学の大学院に入学して博士号を取得したのですが、大学院に社会人で入学してくる人達は、皆さん前向きで、常に何か新しい技術やビジネスを考えている方が多く、とても良い影響を受けました。社会人学生には、私のような中小企業の経営者もいますし、大企業の研究者もいて、そのネットワークだけで新しいビジネスが始まったことも少なからずあります。もちろん大学院では研究もしましたが、こういった新しい繋がりができたことも産学連携から得られたメリットだと思っています。

6 「編む・織る・縫う・組む」のお客様の要望に応える

圓井繊維機械に入社した当初は、当社のリンキングミシンが全く売れないので、もう廃業して全く新しい商売を始めようかと考えた時期がありましたが、産学連携を始めてからは、うちの会社が培ってきた製編技術で勝負していこうという決心ができました。現在

The 糸へん

編む・織る・縫う・組む

糸へんに関する様々なご要望・問題に
あらゆる繊維の加工技術を応用して
ワンストップでお答えします
ご相談➡打合せ➡提案・設計➡試作➡評価➡生産

圓井繊維機械の強み

の当社のモットーは、「編む、織る、縫う、組む、の糸へんに関する様々な要望に、あらゆる繊維技術を応用して解決します」です。産学連携を始めたときは、うちの会社に軸というものがなく、大学の先生から言われたことは何でも実施してきましたが、産学連携を通して当社の方向性が決まったので、今後はターゲットとする糸や繊維の分野で当社の強みを発揮していきたいと思っています。航空機や自動車の躯体に使われている炭素繊維やガラス繊維も糸ですし、宇宙エレベータに使える可能性があるカーボンナノチューブヤーンも糸です。まさにうちの会社の編物技術は「古くて新しい技術」なんです。京都工芸繊維大学や関西医科大学、徳島大学などとの産学連携を通して、そのことに気付くことができました。糸や繊維に関する分野で、今後も産学連携を行い、新しい製品開発に携わっていきたいと考えています。

⑦ 産学連携コーディネータの役割

大学と企業を繋ぐ産学連携コーディネータの方々には、三菱自動車工業を辞めて圓井繊維機械に入社した最も苦しかったときに、いろいろと助けていただきました。大阪産業創造館で働いている小・中学校の同級生の長谷川新さんもそうですし、立命館大学のコーディネータの方、関西ＴＬＯ（現：ＴＬＯ京都）の皆さんにもお世話になりました。中小企業応援雑誌『Bplatz press』に掲載いただいたのも一つの転機になりましたし、うちの会社の課題をいつも相談していました。彼らは、幅広いネットワークとノウハウを駆使して適切な助言をしてくれたと思います。特に有難かったのは、国の補助金の獲得支援です。当社は中小企業で、医療材料などの新事業に進出したくても十分な研究開発資金がありません。我々が苦手としていた提案書の書き方や、プレゼンテーションのやり方などで多くのアドバイスをいただきました。このような産学連携コーディネータの方々のアドバイスがないと、国の補助金は獲得することはできなかったと思います。これ以外にも、特許出願時のアドバイスや、当社に関連しそうな企業の紹介などは、非常に有難かったです。

産学連携コーディネータの方々に、少し助言するとすれば、とてもレベルの高い注文かもしれませんが、ただ単に大学と企業をマッチングさせるコーディネートの役割だけでなく、大学と企業をマッチングさせた後、ビジネスになるまでをサポートする「産学連携プロデューサ」になってほしいと思います。我々のような中小企業の経営者にとって、大学の先生を紹介してもらうことや、国の補助金獲得のアドバイスも確かに有難いのですが、産学連携をやってビジネスにならないのは死活問題です。当社も新事業として産学連携で医療材料の開発に取り組んでいますが、まだまだ試作品段階であり、当社の事業柱といったところまでは成長していません。医療関連なので、時間がかかることは理解しているのですが、早くビジネスにしないと中小企業としては厳しいものがあります。

優秀な産学連携コーディネータの方は、産学連携のマッチングからビジネスに至るまでのストーリーを持っていて、大学や企業などをうまく交通整理しながら、新製品の上市まで導いてくれます。単に、大学の先生や中小企業経営者の御用聞きのような産学連携コーディネータにはなって欲しくはないと思います。産学連携コーディネータのシナリオを基に、その都度、関係各所を調整して、製品の上市まで引っ張っていってくれる、こんな産学連携コーディネータが増えれば、中小企業の経営者も更に産学連携に関心を持つのではないかと思います。これまで、いろいろな産学連携プロジェクトを行ってきましたが、うまくいくか、いかないかはこの差のように感じますね。是非、日本の中小企業のために頑張ってほしいと思います。

8 父から受け継いだ会社をさらに発展させて息子たちに引き継ぐ

産学連携を通して、医療材料分野には進出したのですが、なかなか上市まで時間がかかっている状況なので、当社の「編む・織る・縫う・組む」の技術を使って、医療材料以外の分野にも展開できないかと考えています。残念ながら、最盛期には多いときに月300～400台売れていたリンキングミシンも今では数台になっています。しかしながら、有難いことに最近では、産業用資材でも問い合わせをいただいているので、そのようなお客様の要望を確実に受注に繋げていきたいと考えています。あまり詳細は言えませんが、建築資材や宇宙関連にも適用範囲を広げていきたいと思っています。

医療材料以外の産学連携プロジェクトでは、アラミド繊維と炭素繊維のハイブリッド組紐熱可塑性樹脂の連続繊維補強材の開発があります。近年、コンクリート構造物の補強材として「連続繊維補強材」が注目されているのですが、現在の連続繊維補強材は熱硬化性樹脂が主流であり、土木建築業者などの川下製造業者からは、複雑な構造の建造物にも適応できる熱可塑性樹脂を用いた補強材が求められています。このニーズに対応するために、アラミド繊維と炭素繊維のハイブリッドの熱可塑性樹脂の開発を目指すプロジェクトを進めています。本取組みは、経済産業省の戦略的基盤技術高度化支援事業に採択され、3年間の研究開発を行いました。

その他に、ポリアセタール樹脂によるコアシェル型二重構造の糸を用いた高機能不織布の開発プロジェクトにも参画しています。この不織布の開発に成功すれば、ガソリンフィルタや燃料電池セパレータに使用される可能性があります。これらのプロジェクトに参画することにより、当社の強みを更に多くの分野に展開していきたいと考えています。

最近、ファミリービジネスの「ベンチャー型事業承継」が話題になっていますが、当社の場合は、全く異なる業種・業態に変わっていこうという考えはありません。やはりうちの会社が培ってきた強みである「編む・織る・縫う・組む」の技術をとことん極めて、これをベースに他の分野に展開していきたいと考えています。その中で、一つでも当社の事業の柱になるものを見付けたい。私には息子が3人います。3人とも幼いころからラグビーを始め、大学まで続けました。私の代で当社の次の事業の柱を見付けることができれば、3人の息子達への事業承継が少しでもスムーズに進むのではないかと思っています。

うちの会社は、父が秋田から集団就職のような形で関西に出てきて、苦労に苦労を重ねて大阪で起業しました。そんな会社は私の代で潰すようなことはできません。何とか、この圓井繊維機械を更に発展させていきたいと考えています。そのためには、いろいろなところにアンテナを張って、産学連携ももちろんそうですが、異業種との産産連携や、それに大学や研究機関を加えた産産学連携で、新分野を開拓していきたいと思っています。

● コラム ●

さまざまな業種における産学連携

中小企業経営者にとって，「産学連携」というと，ものづくり製造業だけが活発におこなっているものとイメージされるかもしれませんが，必ずしもそうではありません。中小企業白書（2008年，中小企業庁）によると，もちろん製造業が最も多いですが，非製造業の業種（建設業，卸売業，小売業，サービス業など）も産学連携に取り組んでいることが示されています。

製造業では，生産･物流を中心に外部連携に取り組む企業の割合が高く，企画･調達･販売･サービスなどの分野で連携する企業の割合が低いと示されています。一方で，非製造業では，生産・物流・設計・デザイン・販売・サービスなどでの連携に加えて，企画・研究開発・調達などの分野でも連携する企業の割合が高いことが分かっています。

非製造業と大学の産学連携の成功事例の一つに，がんこフードサービスと神戸大学・藤井信忠准教授との連携があります。がんこフードサービスは，関西や首都圏を中心に店舗を展開する和食レストランチェーンです。藤井准教授は，製造業の生産現場の最適化シミュレーション技術を飲食業に応用して，ヒトとモノの適正配置を計算機でシミュレートし，実店舗で実証することで，調理場の作業時間を15%削減することに成功しました。またPOSシステム，勤怠管理システム，店舗レイアウト，従業員の作業時間などの情報を統合して，需給予測シミュレーションシステムを企業と共同開発し，店舗のアイドルタイム削減による生産性向上にも貢献しています。今後は，このシステムをがんこフードサービスの他店舗で展開するとともに，他社の飲食業への外販も検討されています。

このように，産学連携によって，一見全く関係のない企業と大学研究者が，それぞれの専門性を持ち寄って，全く新しい価値の創出に取り組むことができます。それが，産学連携の醍醐味の一つでもあります。製造業や非製造業に関わらず，さまざまな業種の企業が，産学連携を行うことによって，新事業を次々に創出することができれば，地域経済の活性化につながると期待しています。

CASE
6

佐々木化学薬品株式会社　佐々木智一（代表取締役）

佐々木化学薬品株式会社
代表取締役
佐々木　智一
ささき　ともかず

同志社大学を卒業後、化学系専門商社の長瀬産業に入社、大手化学メーカー住宅事業向けの営業を担当する。佐々木化学薬品社長の父清司の体調不良を理由に長瀬産業を退社し、2000年に佐々木化学薬品に入社、経営企画室の室長を経て、2006年に４代目代表取締役に就任。

会社名	佐々木化学薬品株式会社
住所	京都市山科区勧修寺西北出町１０番地
電話番号	075-581-9141
事業内容	試薬および化学工業薬品の開発・製造・販売
従業員数	87名

【会社紹介】

1946年の創業以来、一貫して金属表面処理薬品の開発・製造・販売を行っている。種々の工業薬品、試薬などを取り扱う商社機能と、オリジナル製品の研究開発・製造を行うメーカー機能を併せ持つ。試薬や化学薬品の販売を通じて得たネットワークや産官学連携での知見を活かして、ライフサイエンス分野に進出。2020年には食中毒の原因となる細菌の有無を迅速に判定する検査システムを開発し、産官学のアライアンス戦略で、イノベーションの創出を目指している。

京都大学との産学連携で研究開発型企業へ 薬品商社からの事業転換に挑む 4代目社長の挑戦

① 京都大学の研究室から家電の成長を予見、工業用薬品にシフト

当社は、1920年代に私の祖父、佐々木精一（故人）が薬局を開業したのがルーツです。私は、祖父、祖母（2代目代表：春枝）、父（3代目代表：清司）に次いで、4代目になります。戦後、戦地から帰還した精一は、1946年に現在の前身となる合名会社「佐々木薬品商店」を創業します。当時から京都大学に出入りして、研究室向けに塩酸や硫酸といった研究用試薬を売っていました。精一は研究室で教授らが行う白熱電球などの光源の研究内容を垣間見るうちに、今後は家電が伸びると予見

初代社長　佐々木精一

佐々木化学薬品株式会社　社屋

1958年　設立当時の薬品配達風景

当時の実験風景

し、工業用薬品にシフトするようになります。

事業が拡大する中、1958年に佐々木化学薬品株式会社を設立しました。当時は、電球などに使われるフィラメント生産に欠かせない混酸を製造していました。供給先が混酸廃液処理に困っていることを知り、廃液を回収して、廃液に含まれるモリブデンを抽出する技術を確立しました。モリブデンはフィラメント生産に有効利用できるため、大手家電メーカーから問合せが相次ぎました。

その後、工場を火事で焼失する危機を乗り越えて、1965年に現本社の京都市山科区に新工場を建て、いろいろな種類の工業薬品の製造に取り組んでいます。1969年に開発したステンレス研磨剤「エスクリーンS-200」が、ブラウン管テレビの重要部品「電子銃」の国内シェア約90%を持つ精密プレス部品メーカーに採用されました。この製品は、ステンレスプレス部品のバリ処理向け「テレビ用金属表面処理剤」として大ヒットし、業績向上に大きく貢献しました。

エスクリーン

「エスクリーン」をシリーズ化し、多種多様な金属の表面処理剤へ拡大させました。「エスクリーン」ブランドは、佐々木化学薬品の主力製品群の一つに成長し、今でも重要な屋台骨として、業績を支えています。このように、当社は創業当時から、「大学と連携することで基礎的な薬品を調合して高付加価値製品に仕上げる技術を確立していく」というベースがあったように思います。

② 父の体調不良により入社を決意

私は同志社大学を卒業後、化学系専門商社の長瀬産業に入社して、大手化学メーカーの住宅事業部門への営業を担当していました。タイやマレーシアからの輸入建材をキッチンカウンターやテーブルなどの家具用に販売する仕事です。商社マンとして順調にキャリアを積んでいたのですが、当時社長であった父親の清司が体調を崩したこともあり、海外駐在の話を断って、2000年に佐々木化学薬品に入社しました。その後、経営企画室の室長を経て、2006年に代表取締役社長に就任しました。現在は、その他に

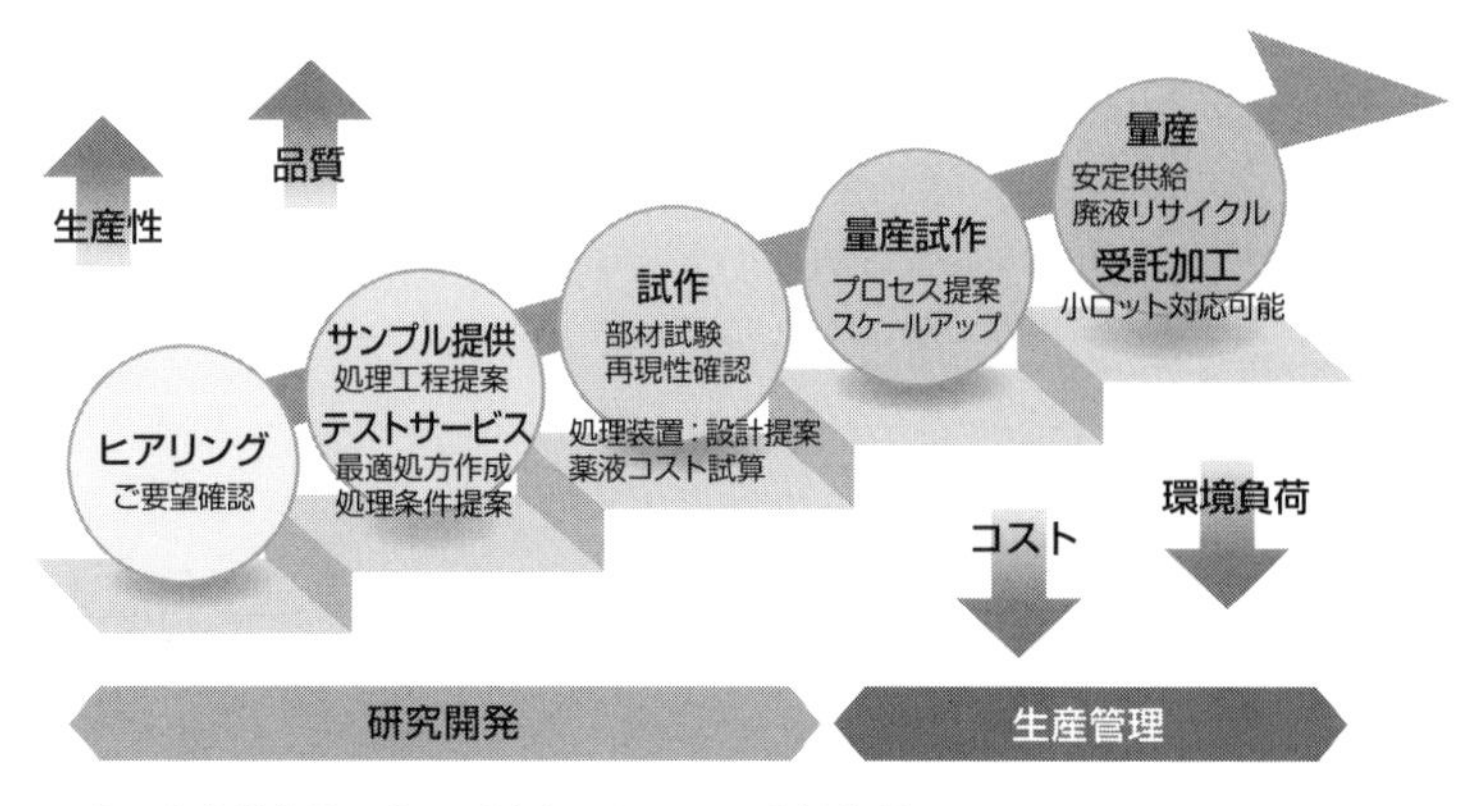

佐々木化学薬品のものづくりのトータル支援体制

もいくつかの会社の社外取締役を務めています。

当社は、生産部門と研究部門の2つの部門があります。滋賀に物流センター、大阪と鹿児島に営業拠点があります。米国カリフォルニア州のサンタクララに海外拠点があり、試薬の輸入拠点としています。研究開発、製造、生産管理、CS（カスタマーサービス）まで、一貫してお客様に対応できるようにしています。

研究部門は、私が社長になってから肝入りで創りました。先代が始めた薬品商社というビジネスから、研究開発型の企業へモデルチェンジしたかったからです。当社は薬品商社ということで、これまでは企業や研究機関、官公庁に営業に行き、トラックで製品を運んで収益を上げるというビジネスモデルでした。その中で薬品商社から研究開発型企業になろうということは、やはり先ほどのビジネスモデルが陳腐化してきているのではないかと感じ始めています。別に薬品商社をやめるという話ではないのですけれども、しっかり研究開発をして、新たな価値を生んでいかなければならないと考えていたからです。

そもそも、当社には研究をするというノウハウが全くありませんでした。技術部門はあったのですが、研究をするというより、どちらかというと、例えばお客さんの「この薬品だけれども、ちょっとアレンジして、もうちょっと汚れが落ちるようにしてくれないか」というような要望への対応だけでした。応用研究というものが主でしたで、きっちり基礎研究からやり上げることを目的とした研究開発部門が必要ではないかと考えていました。

③ 薬品商社から研究開発型企業へ

メーカーとしてやっていくということを考えたときに、やはり研究開発機能を持たなければなりません。一番早く、非常にレベルの高い技術というのでしょうか、そういうものを得ていくためには、大学との産学連携で研究開発をしたほうが効率的だと考えました。

そんなときに、関西ＴＬＯ（現：ＴＬＯ京都）と出会いました。最初は、立命館大学の先生と連携して、ＣＭＰ（化学機械研磨）の研磨剤の研究をさせていただきました。その後、連携が広がって、関西大学、京都大学、京都府中小企業センター、京都市産業技術研究所、産業技術総合研究所など、数々の研究機関と連携できるようになりました。

私が社長になった当時は、薬品商社が大学や研究機関と何かを連携するとか、そんなことはあり得ない、産学連携っていったい何？　というような状態でした。当社の中に研究開発を推進していく能力を持っている人間がいなかったのです。もし自社でやったとしてもやれないことはないのでしょうけれども、何十年かかるか分かりません。何十年か経って、ようやく何か芽が出るようなレベルでは、中小企業では困ります。やはり時間を買おうということで関西ＴＬＯに相談させてもらって、いろいろな大学や研究機関と連携できるようにしました。

このような研究開発の取り組みから、少しずつ商品になるような成果が上がってきています。一つ目は、ステンレス鋼用 ノンフッ素溶接焼け除去剤「エスピュアＳＪジェル」です。従来は硝フッ酸などの人体や環境に負担を与えてしまう物質が使用されてきましたが、人体や環境への負担を低減したいという想いから、我々はフッ素、フッ酸を使わずに、しかもジェル状で塗るだけという商品を開発しまし

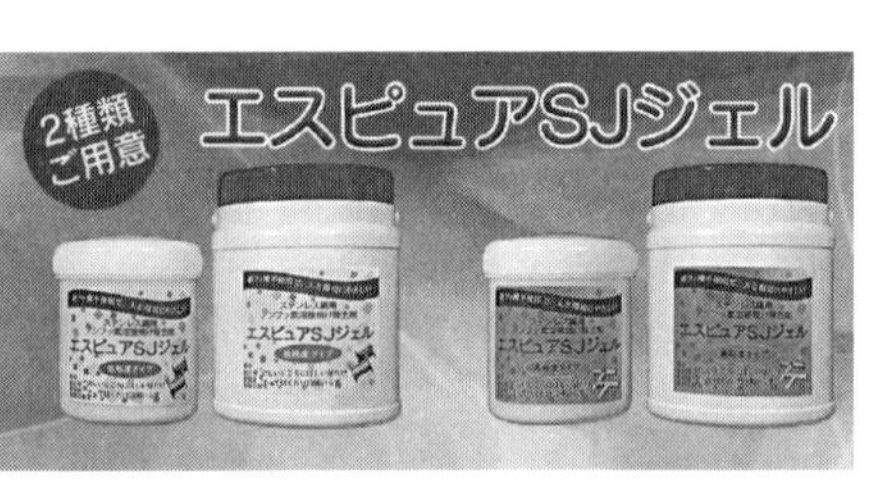

ステンレス鋼用ノンフッ素溶接焼け除去剤「エスピュアSJジェル」

エスピュアSJジェルの使用例

た。ジェル状で、塗布するだけで反応し、電力や物理的な力も必要ありません。除去したい溶接焼け部分に必要量を塗布できるので使用量のロスも少ない商品で、作業環境の改善を実現できます。この商品は、近畿経済産業局の「関西ものづくり新撰」や京都府の「京都中小企業優秀技術賞」に選んでいただきました。

S-SEEDを使用した薬品再生のプロセス

二つ目は、「S-SEED」という商品です。錠剤を廃液に投入するだけで不純物を除去し、エッチング液を再生することができる画期的な商品です。今まで廃棄していた薬液を再利用することで、廃棄量を減らし環境負荷低減やコスト削減ができます。この商品の開発でも大学の先生の協力を得ました。

4 産学連携のネットワークが縁で ライフサイエンス分野に進出

このような産学連携を行っていくなかで、京都市産業技術研究所の方から声をかけていただき、「食中毒の原因となる細菌の有無を迅速判定する食品流通現場向け検査システム」の開発プロジェクトに参加させていただくことになりました。このプロジェクトには、京都市産業技術研究所の他に、製品評価技術基盤機構、産業技術総合研究所、摂南大学などが参画しています。私が社長になった当時から思うと、このような機関と連携するなど、考えられなかったことです。

この検査システムは、経済産業省からも研究開発資金をいただくことがで

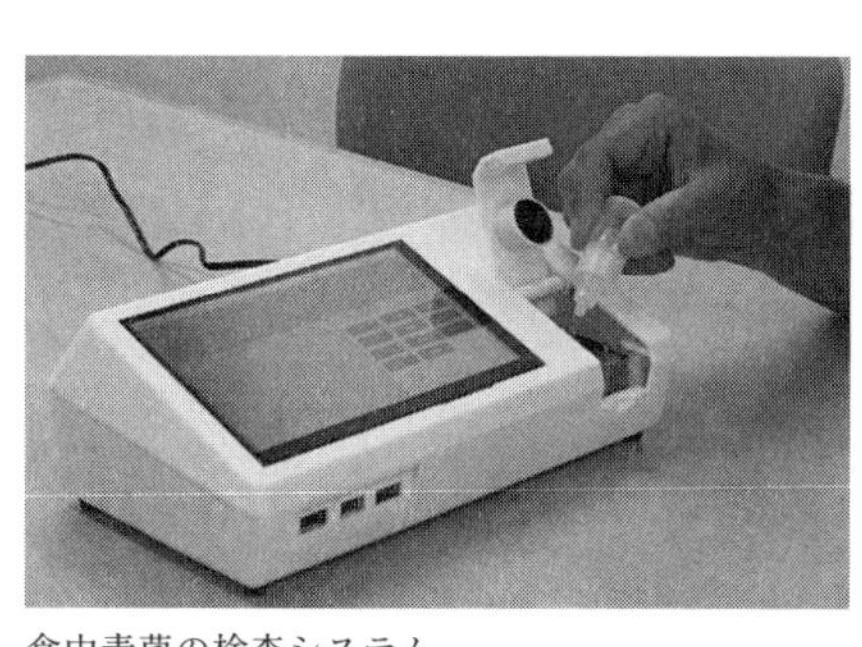

食中毒菌の検査システム

き、小型の試作品を2020年6月に開発を終え、年度中には上市する予定です。これまで食品中の細菌検査は、結果が出るまでに2~3日かかっていたのですが、このシステムでは、4~5時間で可能となります。

このプロジェクトの他、自社開発したアセトンパウダー（動物臓器アセトン粉末）や抗体の作製など、産学連携のネットワークがきっかけでライフサイエンス分野やバイオ分野などの新分野に進出することができました。

5 産学連携で社内に変化、採用活動でも変化の兆し

産学連携を始めて、社内の雰囲気も変わってきました。メリットの一点目は、人的ネットワークの広がりですね。今、京都大学や、京都府、京都市の研究機関に、いつも弊社の研究者が出入りしていますし、非常にかわいがってもらっていますから、そういう外部の人的ネットワークがかなり広がりました。当然、社長の私だけではなく、いわゆる社員レベルでのネットワークというのが、非常に幅広くなったのではないかなと思っています。産学連携をする一番の良いこと（メリット）は、この人的ネットワークです。人的ネットワークが広がって、社員の意識が高まるということが起こったのではないかなと思っています。

メリットの二点目は、最先端の研究設備を活用して、レベルの高い研究開発に取り組めたことです。産学連携を始める前は、弊社には十分な分析機器がありませんでした。大学や公的研究機関と共同研究をしたり、京都大学の研究室に研究員を派遣したりすることで、最先端の研究設備に触れることができました。また、大学や公的研究機関と官公庁の研究開発補助金などに共同で応募して採択されることで、中小企業では買えないような分析機器を導入することができたのです。機器設備の充実に加え、補助事業に応募する活動を通して、事業提案書の作成スキル、プレゼンテーションスキルなどが上がっており、社員の成長を感じています。

メリットの三点目は、やはり人材採用面ですね。この10年の間で、採用の状況が変わってきていて、今までは余程のことがないと、学生はうちのような中小企業に興味を持ってきてくれることはありませんでした。しかし、採用活動のPRの中で、これまでの京都大学などとの産学連携で積み重ねてきた研究成果や、環境対応製品の開発事例、新規事業のライフサイエンス分野の研究開発事例などをアピールすると、「佐々木化学薬品は世の中の役に立つ最先端の研究開発を行っている会

佐々木化学薬品の採用情報サイト

社なんだな」と認識してもらえるようになってきました。中には、うちの会社で、最先端の研究機器を使って研究開発をやりたいといって入社してくれた学生もいます。このような効果は、産学連携を始める前には、あまり予想しなかったことで、産学連携の奥深さを感じています。

⑥ 産学連携を行ううえで重要なこと

当たり前のことかもしれませんが、誰と産学連携をするかということが最も重要なポイントだと思います。初めて産学連携をスタートするときは、どのような先生と組んだらいいのかというのは全く分からないわけですから、自分たちで探すことはとても難しく感じます。このあたりは、関西ＴＬＯの方がいろいろとアドバイスをくれました。

さらに、産学連携を行ううえで、特に重要視していることは、やはり先生の人柄といいますか、きちんと企業のことを考えて、企業と同じゴールを目指してくれる先生と組むということです。恐らく我々が独自で探していたら、やりたい研究開発内容に近い研究をされている先生を探していたと思うのですが、それでは先生の人柄までは分かりません。そういう意味では、関西ＴＬＯなどのコーディネータと呼ばれる役割の方に相談に乗ってもらうことも有効だと思います。

もう一つは、研究を先生に任せきりにしないことです。京都大学との産学連携のときに、先生から、「大学への委託研究という形で、研究成果だけ企業に返すというのは、幾らでも金をもらったらできますよ。だけどそれだったら、結局、佐々木化学薬品さんのところにノウハウは何も残りませんよ。

だから大変だろうけれども社員さんを派遣してもらって、その研究のプロセスそのものを、社員さんの人材育成も含めて持ち帰ってもらった方がいいのではないですか」というアドバイスをいただきました。これがうちの産学連携の基本スタイルになっています。

これまでに2人の社員を京都大学の研究室に派遣しています。そこで、研究に対する考え方などのベースの部分を含めて、多くのことを吸収して帰ってきてくれていますので、社内の研究開発部にも非常にいい影響を与えています。社長としては、社員に対して、そういうチャンスを作ってあげられるかどうかということも大事なことではないかと思っています。ちなみに、この2人は今、うちの研究開発部のリーダーとして、会社全体を引っ張ってくれています。

研究開発部副責任者
止原正博氏

研究開発部主任研究員
高田慎一氏

あとは、経営者の覚悟です。社長が先頭に立って、産学連携に取り組むという姿勢を社内外に示す必要があります。これは、産学連携先の先生に対しても同じです。京都大学の先生からは、うちの会社の取り組みのスピードや取り組みの熱量が落ちていたら、すぐに指摘されます。ですがやはり、うちの会社に熱量があるからこそ、大学の研究室でこういう研究成果が出てきたから、佐々木化学薬品もプロジェクトメンバーに入らないかとか、そういったチャンスをいただけているのではないかと思っています。ただそれも結局、うちの会社の熱量などが落ちてしまったら、もう放ったらかしにされると思うのですけれどもね。だからそれに必死になってついていかないといけないと思っています。ただ単に産学連携をしているというだけでは何の成果も得られません。

⑦ 産学連携コーディネータの役割

今後も産業界と大学を結ぶ産学連携コーディネータの役割は非常に重要になってくると思います。もちろん、研究内容で企業と大学をマッチングするというのは当然だと思いますが、先生と企業の相性なども考えて、マッチングさせていくことも重要なのではないかと感じています。産学連携は、結局のところ、人の繋がりなんです。

コーディネータの方には、研究内容だけでは表現できないような社内の風土、文化みたいなところも見ていただいて、それに合う先生をご紹介していただけたらいいなと思っています。うちの会社の場合は、関西TLOのコーディネータの方にそれを見極めてもらったからこそ、京都大学の先生や京都府、京都市の研究機関の方々とも、今もこのような長いお付き合いが続けられているのだと思います。それは非常に難しいことなのかもしれませんけれども、我々産学連携に取り組む会社としては、非常に有難いことだなと思います。

コーディネータの視点から見ると、企業経営者あるいは部門トップが、率先して産学連携を行っているような企業を積極的に支援すべきではないかと思います。トップが部下に、「あとはやっとけ」みたいな産学連携では、絶対にうまくいきません。産学連携コーディネータが企業を支援するときは、必ずその点を見極めて、「トップも関与をしてください」と要求すべきだと思います。

⑧ 産学連携は、新事業の創出のための手段

実は、うちの会社も産学連携をすることを目的にした程度のレベルでスタートしているのです。大学と産学連携したら、何か良いことあるだろうくらいのことだったのです。私が社長になったときはですね。でも、お陰様でいろいろな支援を受けて、今はようやく産学連携が手段化できている感じがしています。

うちの会社がやっていきたい研究開発の中で、やはり自社のリソースを見たときに、基礎研究の部分が足りないということになれば、大学との産学連携というのを自ずと考えなければならないですし、そうしたときに関西TLOにしても、京都府や京都市の研究機関のコーディネータの方にしてもそうですけども、いろいろなネットワークを使って、一番適切な先生と出会うというようなことをやっていく必要があると考えています。ですから、やはりそういう、いわゆる足りないリソースを補完するという意味におい

て、産学連携というのは外せないものではないかと思います。

私は社長になってからずっと、佐々木化学薬品を薬品商社から研究開発型企業にしたいという思いがあったから、当初は産学連携が目的化していたかもしれませんが、積極的に取り組んできました。例えば、国の補助金が取れたら産学連携をやりましょうという話ではなくて、補助金が取れなくても、自腹でやるという覚悟をしていました。できるだけ早く研究開発型企業にモデルチェンジしないと、うちの会社には先がないという社長の危機感があったからこそ、産学連携がうまくいっているのではないかと思います。

うちの会社もファミリー企業ですが、私は勝手に「跡継ぎベンチャー」だと言っています。ベンチャー企業を経営するのには、いろいろな大変なことがあります。実際に、我々の会社も、現在ではすごくうまくいっているなと思われているかもしれませんが、ここまでくるのにかなりの苦労がありました。ここまで会社を劇的に変えているわけですから、当然、社内にも不協和音がありました。産学連携とか研究開発なんて、いつビジネスになるか分からないことをどうして一所懸命やっているのだ、みたいな話もあるわけです。

そのような考え方の人とも、今後は調和してワンチームにしていく必要がありますし、これまでのビジネスモデルを変えていかなければならないフェーズにも来ているので、覚悟してやらないといけないと思っています。まだまだうちは過渡期にありますね。先ずは、社長としてはどうなりたいのかということをもっと明確にして、全社員が同じゴールを目指すようにする。社内の不協和音を抱えながら進んでいるということは事実ですし、やはり社長として変化に対する覚悟というのがないといけないと思っています。そうしないと、産学連携そのものも絶対にうまくいかないでしょうから。

産学連携は、社長がリーダーシップを発揮して行うことが重要です。もし部下にやらせて成功しそうだったら、それに乗っかろうかみたいな考え方をしている社長では、絶対うまくいきません。他の会社では、産学連携がうまくいかないと大学の先生のせいにして、「あんな先生とやっても産学連携はうまくいかないぞ」と言っている人がいます。それは全く違います。起きている事象は、社長の心がすべて反映されているのです。うまくいくことも、いかないことも全部、社長の心が決めているのです。経営者の覚悟がどこまであるのかということが、私は一番重要なことだと思います。

⑨ 産学連携を通して新製品の開発を行っていく

これからの佐々木化学薬品は、研究開発型企業として、新しい製品を生みだしていきたいです。特に今、注力しているライフサイエンス分野は、会社の事業の柱に成長させたいと考えています。DX（デジタルトランスフォーメーション）も、うちの会社が避けて通れないことだと思っています。デジタル技術で現在の業務やビジネスの変革ができれば、新入社員でもベテラン社員の経験や能力を持つことができるのではないかと考えています。例えば、新入社員でもA社と塩酸というキーワードを叩けば、過去の履歴を見て、A社に対しては、こういう塩酸の提案をしてきたので、次はこういう提案をした方がいいのではないですかというようなことを、AIやDXでできるようにしたい。後はデザインというところですね。デザインの力をブランドの構築やイノベーションの創出にどんどん活用していきたいと考えています。

このような新しいことをやるにしても、うちの会社にとって産学連携は非常に重要です。産学連携で当社にはない経営資源を補完して、新製品の開発にチャレンジしていきたいと思います。

佐々木化学薬品の経営理念は、「我々は化学を通して、喜びの創造と技術の革新をし、お客様と共に成長する」です。先代が築いた土台を基に、新しい佐々木化学薬品を社員と共に築いていきたいと考えています。

CASE
7

山科精器株式会社　大日常男（代表取締役会長）

山科精器株式会社
代表取締役会長
大日 常男
おおくさ　つねお

同志社大学商学部を卒業後、印刷機械貿易株式会社（現：ハイデルベルグジャパン株式会社）に入社。1976年、結婚を機に義父が経営する山科精器株式会社に入社。主に営業部門などを経て取締役副社長に就任。1999年に3代目代表取締役社長、2016年代表取締役会長に就任。滋賀経済同友会・代表幹事、滋賀経済産業協会・常任理事、滋賀県立大学・経営協議会委員など、多数の公職を務める。学生時代は山岳部で活躍し、ヒマラヤ山脈にあるダウラギリ峰（8167m）の1967年偵察隊に参加した。現在も同志社スポーツユニオン副会長、山岳会（山岳部OB・OG会）会長として、現役への支援を行う。

会社名	山科精器株式会社
住所	滋賀県栗東市東坂525
電話番号	077-558-2311
事業内容	各種工作機械、注油器、熱交換器、医療機器などの製造販売
従業員数	142名

【事業概要】

1939年株式会社山科精器研究所を創業、主にマイクロメーターを製造販売。戦後1949年現社名 山科精器株式会社に改称、平和産業の象徴として邦文・英文タイプライターの部品製造を行う。高度成長期に、ダイキン工業株式会社と業務提携などで事業を拡大。現在は、金属用切削加工機、注油器、熱交換器の3事業を主力とし、2004年から産学官連携事業への参画をきっかけにメディカル分野へ進出。滋賀医科大学、立命館大学、大阪大学、東京医科歯科大学などと医工連携による共同研究開発から、内視鏡用処置具、腹腔境下手術用器具、口腔外科用訓練器具など個性的な医療機器を生み出す。

中小ものづくり企業がメディカル分野に挑戦、医工産学連携で新製品を開発

① 3代目代表取締役社長に就任

社名のとおり京都の山科にて義父が1939年山科精器研究所を創業、戦前は精密機械加工に必要なマイクロメーターなどを製造販売していました。戦後1949年現社名に変更、タイプライターの部品製造を手始めに戦後復興に必要な工作機械、造船業に必要な注油器や熱交換器などを製造販売し、1977年に滋賀県栗東市に移り、今に至ります。

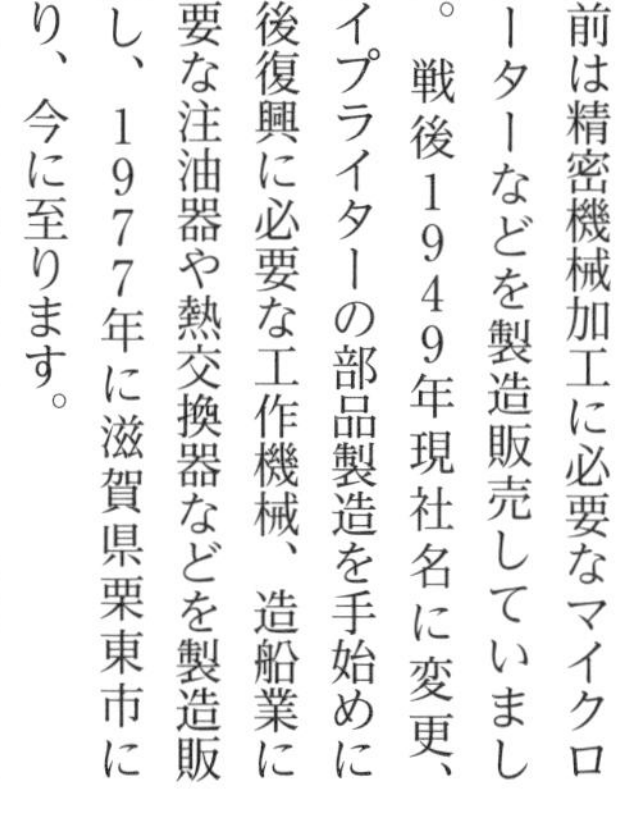

山科精器株式会社　社屋

私は、大学卒業後、印刷機械貿易株式会社（現ハイデルベルグジャパン株式会社）で働いていましたが、機械輸入商社では自分が思う理想の機械を売ることは難しく、やはり機械メーカーでなければ、理想的な機械を造り売ることが叶わないと常々思っていました。結婚を機に義父の希望もあって山科精器に入社することとなりました。小さな会社ですので製造部門、営業部門、総務部門など全ての業務をこなして、1999年3代目社長に就任し

山科精器の高速NCフェーシング（左）とトランスファーマシン（右）

ました。

② 主力事業は、工作機械・注油器・熱交換器の３事業

当社は、工作機械事業、注油器事業、熱交換器事業を事業の柱にしていました。工作機械事業は、１９５８年に事業部として発足して以来、精密加工技術と金属切削加工技術で他社をリードする実績を作ってきました。ＮＣフェーシング専用工作機、多軸穴開け機などが主力製品です。これらの機械は、主に自動車産業や造船業の生産工場で使われており、お客様のニーズに的確に応えるため、設計から製造まで一貫してオーダーメイドで製造しています。

シリンダ注油器

注油器事業は、１９６３年にダイキン工業から水中ポンプ・エレメント型注油器、ドイツのボッシュ社からボッシュ型注油器の製造・販売権の譲渡を受けたことから始まります。その後、高圧注油器を自社開発して注油器メーカーとしての基礎を確立しました。注油器は精度㎛単位の高度な嵌め合い技術が必要ですので、ここでも当社の創業以来の得意分野である精密加工技術が活きています。現在は主力製品として、船用ディーゼルエンジンのシリンダ注油器や潤滑用オイルやグリースを供給するラショナル注油器を生産していて、機械式注油器では国内トップクラスのシェアを誇ります。

熱交換器事業の主力製品は、シェルアンドチューブ式熱交換器で、高温・高圧に強く、信頼性が高いのが特徴です。熱機関のあるところにはどこにでも必ず使われていて、水や油や蒸気などの間で熱を冷却、加熱、凝縮したりしています。設計から製作まで一貫生産しており、船舶などのディーゼルエンジンや発電プラント、重化学プラントなど、様々な分野で広く使用されています。

熱交換器（オイルクーラー）

③ 現状への危機感から新分野に進出

主力の3事業（工作機械事業、注油器事業、熱交換器事業）は、私が社長に就任する前から、ある程度の利益を上げていたのですが、まだまだ下請け体質であり、研究開発型の企業とは言えず、そこを何とか変えたいと思っていました。現状への危機感というか、そんなものがいつも心の中にあったのです。なるべく下請け体質から脱して自社製品を開発する。自立の道を歩みたい。そこで私が社長に就任した次の年の２０００年に、本社工場内に中央研究所を開設したのです。何か新しいこと、新しいビジネスで第4の事業の柱を作ってやろうと考えていました。

そんなときに、滋賀県が中心となった産学官・医工連携により、医療機器やマイクロ体内ロボットを開発するプロジェクト「都市エリア産学官連携促進事業（患者負担軽減のためのオンサイト診療システムの開発）※」が立ち上がりました。滋賀県の担当の方から、「山科精器さん入りませんか」というお声が掛かったのです。普通なら、うちは工作機械屋で医療分野とは関係ありませんと言っていたのでしょうけれども、たまたま私自身が立命館大学のびわこ・くさつキャンパスで行われていたＭＥＭＳ（Micro Electro Mechanical Systems）研究会に入っていたこともあって、アメリカではＭＥＭＳ技術が将来の医療に期待されている技術であることは知っていましたので、そのプロジェクトに参画することにしました。ＭＥＭＳは精密加工技術と関連しているので、山科精器が得意とする精密加工技術が役立つかもしれないとも思っていました。

※2004～2012年に行われた文部科学省委託事業。滋賀県では、公益財団法人滋賀県産業支援プラザが中核機関となって産官学連携で医療機器開発が行われた。

このプロジェクトを通して、立命館大学、滋賀医科大学との共同研究がスタートしました。超微量生体標本技術の研究開発というテーマで、血液サンプルを血球と血漿に分離する装置の開発です。当社の設計力を活かしながら、大学の教授達と共同で、従来よりも微量のサンプルで血液検査が行える装置が開発できました。血液採取が少量で済むため患者の負担が減らせるのです。血球と血漿に分離する時間も大幅に短縮することができました。当社は、このプロジェクトに参画するに当たって、最初から事業化しようと考えていました。大学の教授は、学会発表や論文発表をすると自分の成果になるけれども、我々は事業会社なので、これらの研究成果をビジネスにしないと研究開発費の出費だけでは意味がない、と。そこで、思い切ろうということで事業部を発足しました。それには、人材、法律、規制の問題をクリアしなければいけませんから、専門人材を外部から投入して「メディカル事業部」を立ち上げたのが2009年のことです。同じ年には、医療機器製造業許可を取得し、2010年には、薬事申請と販売が可能な資格である第二種医療機器製造販売業許可を取得しました。

④ メディカル分野進出のもう一つのきっかけ

実は、私が大学を卒業して間もない頃、まだ若い、23~25歳の頃でしょうか、肺結核になり、数年間の闘病生活を送りました。卒業後入社した会社の健康診断で再検査せよということで、再検査したら結核と診断され、すぐに入院となりました。当時の結核というと、少なくても1年半程は入院しなければなりませんでした。医者から、まず3ヶ月入院治療を頑張れと言われました。もう一度3ヶ月、もう一度3ヶ月と、それが5回続いて、結局15ヶ月間入院しました。私にとっては、それは人生最悪のときでした。働くことも何をすることもできず、ずっと入院治療の生活でしたから。やっと退院して一時は回復するのですが、また再発してしまいます。この時は肺の一部を取るという大きな手術も行いました。

大学時代は山岳部で、京都市近郊の愛宕山などの山をリュックサックに石を詰めてボッカ訓練をしていたので体力には自信がありました。夏合宿では北アルプスの剱岳に登り、年間120日は山に入っていました。それくらいやらないと山は攻略できません。入学時10人いた同期も卒業まで続いたのは、私を含め3人だけです。それくらい過酷でした。それでも結核になってしまったのです。結核になる前、1967年にヒマラヤ山脈にある世界7位の標高8167mのダウラギリに、偵察隊として6500m付近まで登りました。1970年の同志社隊のダウラギリ登頂に私も参加する予定でしたが、結核のために叶いませんでした。もうヒマラヤはおろか富士山も登ることはできなくなってしまいました。左の肺の一部を取ってしまったので、肺活量がかなり少ないからです。同志社隊の一員としてダウラギリに登頂できなかった悔しさは今でも忘れられません。

1967年エベレストを背景に
（右端が大日常男会長）

そのような経験もあって、滋賀県の方に医療機器やマイクロロボットのプロジェクトへのお誘いがあったときは、本当にワクワクしました。若いころ結核で入院しているときも、医師が「病巣はここにあるんだ、大日くん。これが石灰化したら退院できる」とか言うのだけれども、レントゲンを見ながら、なぜ直接殺せないのかと思っていました。なぜ世の中にそのような治療法が無いのだろう、というのがあったのです。マイクロロボットが中に入っていって、ワイヤーか何かで薬をピュッと吹き付けて、菌を殺せばいいのにと思っていたんです。ミクロの決死圏※のような感じですね。

※1966年アメリカのSF映画。手術不可能となった要人を救うため、医療チームをミクロ化し、体内に送り込んで手術する映画。

医療分野に進出したのは、確かに滋賀県のプロジェクトに参画したことがきっかけなんですが、若い頃の結核という体験が、私を医療分野へ駆り立てる原動力になっていることは間違いありません。中小規模のものづくり企業である山科精器が医療分野に参入するのは、前人未到の高峰に挑むような苦難の連続です。途中で挫けそうになったことも数多くありますが、自分が病で苦しんだ経験をしたからこそ、病気と闘う患者さんや医師の役に立ちたいという初心を貫き通せているのだと思います。直接的に肺結核の治療に関わることではないけれども、当社のできる範囲で、大阪大学や滋賀医科大学の研究者から要求されるものを作製し、それをビジネスにする、これこそが我々の喜びだと思っています。結局、新しい事業が成功するかどうかは経営者の執念なんです。簡単に成功なんてできるようなものではありません。

⑤ 産学連携が縁で優秀な人材を獲得

中小企業では、優秀な人材を集めるのも一苦労です。当社の場合は、地元ではそこそこ名の通った中堅企業であることもあって、地元の県立大学や工業高校の学生を採用できていました。それがバブル経済のときには、誰も来てくれなくなったんです。その頃、私はまだ社長になる前で、総務や採用の仕事をしていましたから、どのようにしたら人材を集められるかいろいろと思案しました。そこで、地元にある立命館大学や龍谷大学の学部の学生を採用して、その学生を会社が支援して大学院に通わせる制度を作りました。工学系の大学院だと、だいたい年間150～170万円の学費がかかるのですが、全額当社が出しましょう、というものです。

産学連携で出会った大学の先生方との懇親会で、「優秀な学生はいませんか。うちから大学院に行かせますから」と相談しました。そうしたら立命館大学の先生がある学生を紹介してくれました。彼に当社に入社して、大学院でMEMS技術を修得してくれ、それで医療機器を開発したいと打ち明けたところ、快く引き受けてくれ、当社の医療機器開発が始まりました。その彼こそが、いま当社のメディカル事業担当の取締役で活躍してくれている保坂誠君です。その後、自費で大学院を卒業した学生も入社してくれて、今では修士号を持つ研究開発者が7名程います。

その他の新卒採用活動でも変化がありました。大学の就職担当の先生に話をして、産学連携で医療機器を開発していて、うちにはメディカル事業部がありますよというと、見る目が変わって、「すごいな、山科精器は」となるのです。学生さんも「この会社はいいな、将来楽しみだな」ということで来てくれるのです。やはり日本は、医療分野というのはステータスが少し上というイメージがありますから、当社が医療機器の開発に携わっていることで、会社の質というか、会社の格が上がったように思いますね。

6 医工産学連携で生まれた製品

滋賀県の産学官連携プロジェクトへの参加を機会にスタートした立命館大学や滋賀医科大学との共同研究では、外科用吸引管（外科手術のときに血液や排液を吸引する器具）、内視鏡用マイクロ波鉗子（内視鏡手術で使用する器具）、遠心分離装置（血液を分離する装置）の3つの開発を始めました。このうち外科用吸引管は、当社で初めて医療機器製造販売認証を取得したもので、「ヤセック 吸引嘴管」の商品名で販売しています。先端に柔軟なブラ

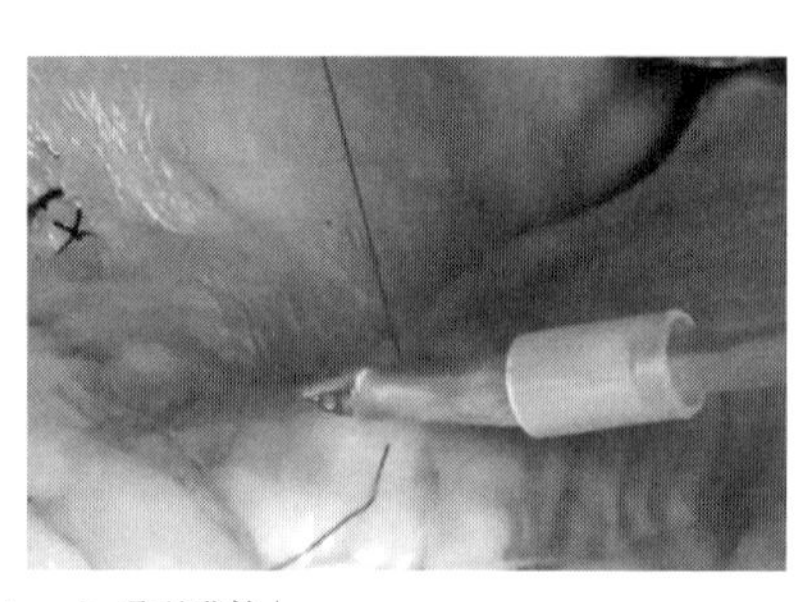

外科用吸引管「ヤセック 吸引嘴管」

シがあるので、臓器を傷つけにくく、ブラシの操作で臓器表面を掃除するように吸引できるのが特長です。

次に開発に成功したのが、内視鏡用洗浄吸引カテーテルです。「エンドシャワー」という商品名で販売しています。大阪商工会議所が主催する「次世代医療システム産業化フォーラム」で、大阪大学の中島清一先生と出会ったのがきっかけです。このフォーラムは、医療機器開発を希望する大学研究者と企業をマッチングする目的で実施されたものです。中島先生は、大阪大学医学部で消化器外科を専門とする医師で、低侵襲診断・治療に必要となる革新的な医療機器の開発を目指していらっしゃいました。そこに当社が参画しました。

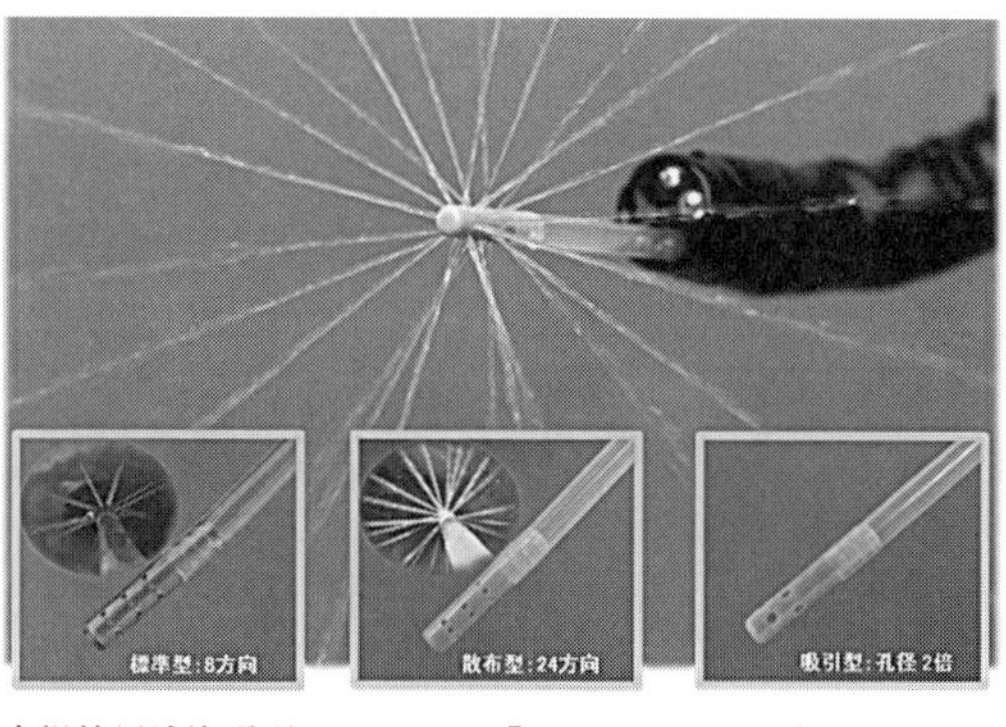

内視鏡用洗浄吸引カテーテル「エンドシャワー」

第５回　ものづくり日本大賞経済産業大臣表彰特別賞受賞
（左から２人目が保坂誠取締役、右が中島清一特任教授）

エンドシャワーは、消化管用の内視鏡と一緒に使われるもので、消化管腔内の洗浄・吸引・色素散布などができる内視鏡用処置具です。先端付近の24個の孔から液体を噴射・吸引することができるため、内視鏡手術で効率的な洗浄と吸引ができます。従来の製品は、内視鏡のレンズ面に設けられた専用孔を通じて行われてきたため、洗いムラできたり、レンズ面が汚液と接触して見えにくくなったりといった課題がありました。中島先生と連携して医療現場のニーズを汲み取りながら試作を繰り返すことで、医療現場のニーズに応えた製品の開発を行うことができました。ここでも、先端部品の加工で当社の得意分野である精密微細加工技術が活きています。この成果は、内閣総理大臣表彰「第５回 ものづくり日本大賞 特別賞」を受賞することができました。

⑦ 本物のニーズを見つけることの大切さ

メディカル事業では、一つの医療機器を製品化するために、億近い投資を行っています。販売するまでに許認可も取らなければいけませんし、そのために3～4年の時間がかかります。かなりの資金を投資しないと、製品として世の中に出すことはできません。そういう世界なので、医療機器開発の産学連携では、医師の先生方のやる気の強さも重要だと思います。先生方のアイデアは理解できる、先生方の希望も分かる、しかしその通り作ってみましたというだけでは事業としては失敗します。先生方には、商品が完成するまでには、相当の性根を入れてやっていただかないと駄目です。医療機器開発の産学連携を行うに当たっては、産学連携のパートナーとして、最後まで商品を作り上げる、つまり、商品化するまでしつこく一緒にやってくれる先生かどうかを見極めることが重要です。

もう一つは、医師個人の意見に同調しないことも重要なポイントです。一人の医師のニーズが、必ずしも多くの医師のニーズではないことが多々あります。ニーズのない製品の開発に無駄な時間とお金を使うことを避けるためには、できるだけ沢山の医師の意見を聞くことが大事です。個々の医師のニーズを聞き出すことも重要ですが、そこから普遍的なニーズを見つけ出すことが重要なんです。そのために、当社では関連する学会に積極的に参加して、数多くの医師の生の声を聞くことを心掛けています。

⑧ 産学連携コーディネータの役割

当社のような中小企業にとって、産と学を繋ぐ産学連携コーディネータは非常に重要だと思います。是非プロフェッショナルになってほしいです。私から見れば、残念ながらプロフェッショナルになっていないなと思うことがまだまだあります。例えば、大学の産学連携の部署を訪問して「こんなことができる先生を紹介してほしい」と言うと、「それだったらあの先生ではないか」って言うのだけれども、その先生の論文を全部読んで言っている訳ではない。言い方は悪いですけれども、適当ではないですか。頼みやすい先生にお願いしているのではないだろうか、私にはそう思えることもあります。

企業にとっては、産学連携をやるのには相当なお金がかかるのですから、所属する先生が20、30人いらっしゃったら、どういう研究をどこまでやっているかは、少なくとも全部把握していて欲しいです。我々にとって産学連携の成否は、我々の課題にあった先生を紹介していただけるかどうかにかかっているのですから。産学連携コーディネータのような仲介役の方々には、企業側のニーズを深いところまで見抜いて、それにマッチする先生を見つけ出して、どのあたりに解決への道がありそうかまで見抜く力を身に付けてほしいです。大変だとは思うのですが、そのレベルまで到達してくれれば、我々のような中小企業からも産学連携で沢山の製品が生み出されると思うんです。

9 SDGs経営で持続的な企業価値向上を目指す

メディカル事業は、当社の既存事業である工作機械事業、注油器事業、熱交換器事業がしっかりしていて、利益を上げているからこそ実施できています。既存事業で利益を上げている間に、次のことをやらなければいけない。既存事業が駄目になってから、さあどうしようといっても手遅れです。まずは早くメディカル事業の売上額を今の3倍から5倍にしたいですね。そのためには今の商品数ではまだまだ足りません。さらに産学連携から新しい製品を生み出していかなければなりません。

メディカル事業を始めた頃の社員の中には、なぜ医療分野なんかに進出するんだ、そんなお金があったら社員にボーナスを出してくれという雰囲気がまだありました。医療機器で新しい製品を生み出せるようになって、今、ようやくメディカルマインドというか、新製品を開発しようというマインドが、全ての事業部に落とし込まれてきたので、どの事業部も常に新しいものを作り出そうという動きになってきています。

私が代表幹事（2017年～2018年）を務めている滋賀経済同友会では、これまで環境と経済の両立から「環境先進県・滋賀」として、滋賀県経済の成長のあるべき姿を追求してきました。2015年に国連総会で採択された国際目標「SDGs（Sustainable Development Goals）」を基に、2016年3月に「持続可能な社会実現のため、『SDGs』を滋賀の目標に」を宣言しました。環境と経済の両立に「社会」を加え、「SDGs」を念頭に持続可能な社会の実現に向けて活動を展開しようとしています。

元々、滋賀県には、企業経営の礎となる近江商人の「三方よし（売り手よし、買い手よし、世間よし）」精神の考え方があります。そこから沢山の企業が生まれました。創業1566年の西川グループや高島屋、総合商社の伊藤忠商事、丸紅なども、近江商人の流れを汲む企業です。「三方よし」の精神が企業の持続的成長を促してきたのだと思います。

山科精器は、SDGsを世界共通の目標と認識し、企業活動を通じて環境・社会課題の解決と持続的成長の両立を目指す事を宣言しました。2003年に制定した「経営理念」はSDGsにリンクしています。アウトサイドインの視点から環境・社会課題の解決を目指したビジネスモデルを創造し、その商品開発を通じて全人類の幸福と社会の成長に貢献したいと思っています。

　山科精器は、2016年に4代目社長として息子の大日陽一郎が代表取締役社長に就任し、私は代表取締役会長に就任しました。また2019年7月には、創業80周年を迎えることができました。ご支援下さいました皆様と、いかなる困難も乗り越えてきた社員に支えられたお蔭です。2004年に経営理念として掲げた「技術尊重経営・人間尊重経営」の下、産学・産産連携を通して、医療機器などの新事業にチャレンジする人材を育成すると共に、女性社員が活躍できる職場作りを目指したいと考えています。大日陽一郎社長の下、社員全員が一丸となって、登頂を目指してほしいと思います。

大日陽一郎　代表取締役社長

〈技術尊重経営〉

1 私達の先進技術は人類の平和目的として、人類の発展に貢献いたします。

Goal 9（インフラ・産業）
9.4 2030年までに、資源利用効率の向上とクリーン技術及び環境に配慮した技術・産業プロセスの導入拡大を通じたインフラ改良や産業改善により、持続可能性を向上させる。すべての国々は各国の能力に応じた取組を行う。

2 私達の先進技術は地球環境保全に役立てます。

Goal 14（海洋）
14.1 2025年までに、海洋ごみや富栄養化を含む、特に陸上活動による汚染など、あらゆる種類の海洋汚染を防止し、大幅に削減する。

3 私達の先進技術を命の為に、そして豊かな暮らしに役立てます。

Goal 9（インフラ・産業）
9.1 すべての人々に安価で公平なアクセスに重点を置いた経済発展と人間の福祉を支援するために、地域・越境インフラを含む質の高い信頼でき、持続可能かつ強靭（レジリエント）なインフラを開発する。

4 先進技術とは、自社オリジナル技術を指し、私達は未知・未踏なものに対して積極果敢に挑戦するパイオニアスピリッツを最も尊ぶ創造集団を目指します。

Goal 17（実施手段・パートナーシップ）
7.17 さまざまなパートナーシップの経験や資源戦略を基にした、効果的な公的、官民、市民社会のパートナーシップを奨励・推進する。

〈人間尊重経営〉

1 私達一人一人は個人として尊重され、人間として尊厳を認める職場にいたします。

Goal 5（ジェンダー平等）
5.5 政治、経済、公共分野でのあらゆるレベルの意思決定において、完全かつ効果的な女性の参画及び平等なリーダーシップの機会を確保する。

2 社員は安心して仕事ができ、働きがいがある職場にいたします。

Goal 8（経済成長・雇用）
8.5 2030年までに、若者や障害者を含む全ての男子及び女性の、完全かつ生産的な雇用及び働きがいのある人間らしい仕事、ならびに同一労働同一賃金を達成する。

3 社員が家族に対する責任を果たせるように支援する体制にいたします。

Goal 4（教育）
4.7 2030年までに、持続可能な開発のための教育及び持続可能なライフスタイル、人権男女の平等、平和及び非暴力的文化の推進グローバル・シチズンシップ、文化多様性と文化の持続可能な開発への貢献の理解の教育通して、全ての学習者が、持続可能な開発を促進するために必要な知識及び技能を習得できるようにする。

4 働く環境は清潔で整理整頓され、かつ安全な職場にいたします。

Goal 8（インフラ・産業）
8.8 移住労働者、特に女性の移住労働者や不安定な雇用状態にある労働者など、全ての労働者の権利を保護し、安全・安心な労働環境を促進する。

山科精器のSDGs宣言

● コラム ●

産学連携におけるコーディネータの役割

中小企業が大学との産学連携で新事業創出に取り組む際，重要な役割を果たすのが産学連携コーディネータです。産学連携コーディネータは，大学産官学連携本部，TLO，財団法人，公的研究機関などに所属し，全国で約1,800人が活動していると言われています。産学連携体制の整備のため，国策として配置されました。

産学連携コーディネータは，所属する機関によって，呼び名が異なります。一般的には，産学連携コーディネータ，技術移転アソシエイト，産学連携プロデューサなどと呼ばれており，基本的に担っている役割は同じです（ここでは，「産学連携コーディネータ」と呼びます）。

産学連携コーディネータの主な役割は，「産」である企業と，「学」である大学研究者の間に立って，産学連携プロジェクトを成功に導くことです。しかしながら，各コーディネータのバックグランドや専門性によって，知識や経験など，コーディネータとしての能力にバラツキがあることも否めません。賢く産学連携を行うためには，知的財産保護，研究開発支援，技術契約支援，ニーズ調査，事業化支援，海外展開，地域貢献などの分野によって，相談するコーディネータを替えることも一つの方法です。

これらの専門知識の享受以外にも，産学連携コーディネータはとても有益です。大学と産学連携を進めていくと，どうしても大学研究者に言い出しにくいことも出てくるでしょう。このような場合は，産学連携コーディネータを通して，間接的に伝えてもらうと良いと思います。みなさんが大学研究者に直接話すよりも恐らくうまく事が運ぶと思います（これも産学連携コーディネータの力量によりますが…）。

このように中小企業にとって産学連携の成否は，産学連携コーディネータに掛かっているといっても過言ではありません。大学との産学連携で新事業を創出し続けるためには，一生付き合える御社専属の産学連携コーディネータを見つけることが重要かもしれません。

CASE
8

株式会社 飯塚鉄工所 飯塚 肇（代表取締役社長）×株式会社東北テクノアーチ 石山 晃（取締役技術部長）

株式会社 飯塚鉄工所
代表取締役社長
飯塚　肇
いいづか　はじめ

信州大学工学部を卒業後、アメリカ留学を経て、金属鋳造会社に就職。製造技術、生産管理などを学ぶ。その後、祖父が創業した株式会社飯塚鉄工所に入社。専務取締役を経て、2014年5月に父親からバトンを引継ぎ、3代目代表取締役に就任。「次世代の社会に貢献する物づくり」という創業の理念の下、我が国の産業発展になくてはならない産業の基盤となる部品製造を通して、地域発展と雇用創出を目指す。

会社名	株式会社飯塚鉄工所
住所	新潟県柏崎市半田3-15-16
電話番号	0257-23-5611
事業内容	流体機器・真空機器・医療機器などの部品精密加工、製作
従業員数	124人

【会社紹介】

　1953年新潟県柏崎市で、現社長の祖父が石油精製工場で使われる高圧バルブ・ポンプなどの流体部品の修理業として創業。1959年法人化し、有限会社飯塚鉄工所、1989年株式会社飯塚鉄工所となる。父の代に、他社に先駆けて複合 NC マシンを導入、バルブ、ポンプの製造業への業態転換を果たす。現在は、高気密のステンレス鋳物部品を中心に、6軸制御・5軸制御の複合 NC マシンなどの最新設備により、流体部品、真空ポンプ、医療用・歯科用機器部品などを製造。材料調達から切削加工、溶接、リークテスト、品質管理、出荷まで、一貫生産を行っている。2017年度中小企業庁「はばたく中小企業・小規模事業者300社」に選定。2019年度「第36回新潟県経済振興賞」を受賞。

有名教授からの一通のメールが産学連携のきっかけ東北大学との産学連携で最先端技術を獲得

株式会社東北テクノアーチ（承認TLO）

取締役技術部長

石山　晃

いしやま　あきら

東北大学大学院工学研究科を卒業後、ミシュランリサーチアジア株式会社に入社。タイヤ設計3Dシステムの新規立ち上げプロジェクトに従事。その後、母校東北大学の技術移転機関である株式会社東北テクノアーチ（承認TLO）に入社、技術移転マネージャーとして東北大学等、大学発の技術の商用化活動に奔走。2013年7月取締役に就任。大学発の新技術の商用化を目指し、大学と産業間だけに留まらず、人と人、技術と技術を繋げる「イノベーショントランスファー」を推進し、大学の社会貢献を進めている。

会社名	株式会社東北テクノアーチ
住所	仙台市青葉区荒巻字青葉6-6-10 東北大学未来科学技術共同研究センター2階
電話番号	022-222-3049
事業内容	東北大学などの研究成果の民間企業への技術移転
従業員数	23人

【会社紹介】

東北大学等の知的財産を活用した新産業の創出を支援することを目的として、東北地域の国立大学・高専の教官有志により設立された技術移転機関。1998年に、大学等技術移転促進法に基づく承認事業者（承認TLO）として文部科学省及び経済産業省の承認を受けた４機関の内の一つ。日本の産学連携草創期から活動を行っており、東北大学等からの技術導入による新事業創出のパートナーとして、また東北大学等の優れた研究成果を社会に還元するための仲介役として、技術移転事業を推進している。

① 祖父が高圧バルブ・ポンプなどの修理業として創業

飯塚鉄工所は、1953年に柏崎で私の祖父が創業しました。石油精製プラントに使われていた高圧バルブやポンプなどの修理業が始まりです。石油精製プラントに入っているバルブやポンプを引き上げてきては、部品をばらして修理し、それをまた、プラントに持っていって納めるというような修理業をやっていました。ご存知ないかもしれませんが、柏崎には石油が取れた時代があったのです。柏崎の近くには西山油田があり、明治から大正の頃は、日本の三大油田と呼ばれていました。その当時、日本最大規模の日本石油柏崎製油所もありました。日本石油の本社が柏崎にあった時代もあったんです。大小企業の製油所や石油関連の会社が沢山あって、当時の柏崎は油の町と呼ばれていたそうです。

株式会社飯塚鉄工所　社屋

私の父の代になって、修理業から新品を作って納める製造業に業態転換をしました。父は、「これからは修理ではなく作る時代がくる」と考えて、最先端のNCマシン（数値制御の工作機械）をポーンと買って、高圧バルブやポンプの修理から、高圧バルブやポンプの部品を製作する会社に変えていったのです。腕利きの職人でも1日で10個しか作れないものを、NCマシンは300個も作れる、とよく父が言っていました。NCマシンは、その後、多軸化、複合化へと進化していくのですが、その度に最先端のNCマシンを導入して、加工技術を蓄積していきました。5軸制御のCNC複合マシン（コンピュータ数値制御で旋盤やマシニングを複合化した工作機械）の導入のときは、工作機械メーカーがまだ100台くらいしか製造販売していないときに、うちの会社がその第1号を購入するほどでした。修理業から製造業に業態転換したときは、まだどこの会社も導入していないような工作機械を、先を見据えて思い切って導入して、そこで培った加工技術を強みにして、お客様の評価を得ていったという感じです。

もう一つの特徴は、材料加工だけでなく材料調達も手掛けたことです。当時の金属加工業は、お客様から材料と図面が送られてきて、加工だけやってくださいという会社がほとんどでした。材料屋さんは材料を調達する、加工屋さんは加工をする、それが普通だったのですが、それをうちがドッキングさせて「材料調達から金属加工まで一貫してやりますよ」と宣伝したところ、お客様に受け入れられたんです。例えば、これまで、大きな鋳造材料を削っていたのを、鍛造材料に替えることで削る量が少なくなるので、「お客様にとってメリットをもたらしますよ」というような、お客様のコスト削減につながる提案をするのです。材料は国内からではなく海外から調達しています。海外をいろいろと回って調達先を見つけてきました。材料を韓国、中国、台湾などから仕入れて、うちの最先端設備を使って加工して、お客様に納めるという方法で、製造業としての基礎を築いたわけです。

② 入社早々、新工場を任され四苦八苦

私は大学卒業後、アメリカに留学したのち、長野にある鋳造会社に入社しました。そこで4年間、製造技術や生産技術など、製造業に関するいろいろなことを学んだ後、飯塚鉄工所に戻ってきました。その当時、うちの会社には5軸制御のCNC複合マシンがあって、それを使っていろいろと部品の加工をしていました。コンピュータ数値制御は、私の得意分野だったこともあって、天狗になってしまいました。こんな仕事、簡単じゃないかと。

そうなると、父のやっていること、飯塚鉄工所がやっていること自体が古臭いんじゃないかと思うようになって、社長である父に「ここの工場で1年ぐらいやって、工場長ぐらいの加工技術は修得できたから面白くない、工場を1個作ってくれ。俺がやるよ」と言ったんです。そうしたら、うちの父が本当に作るんですよ、工場を。本社工場から車で8分くらいのところに560㎡くらいの工場建屋を建設して、「じゃあ、やってみろ」ということで、私はそちらに行ったのです。29歳か30歳ぐらいのときだったと思います。私と新入社員が2人、合わせて3人でその工場に行きましてね。3人とも新入社員みたいなのが、いきなり新しい工場を立ち上げることになったんです。

それこそ、社内ベンチャーのような感じでした。私の工場に与えられたミッションは、人工透析機器に使うポンプ部品を完成させて、お客様に納品することでした。それで、父から図面と納品先の情報だけもらって「じゃあ、やってごらん」ということでスタートしたんです。それがまた簡単ではなかったのです。生産技術はずっとやっていたので、ある程度ものづくりは知っていたのですけれども、品質管理

はどうやっていいか分からないし、それはもう大変でした。人工透析機器に使うポンプ部品は、透析患者さんが使う医療機器ですので、品質管理が最も重要です。そこを強化しようということで、半導体装置の部材メーカーで品質保証をやっていた大学時代の同級生をヘッドハントしました。家族ぐるみでうちの会社に来てくれました。もう一人、同じ大学の電気電子専攻の同級生も家族ぐるみで来てくれて、新工場（品質管理部門と技術開発部門）を立ち上げることができました。私もお客様のところへ営業に行ったり、新工場全体をマネジメントしたりで、いろいろ大変な時期でした。父のいる本社工場の協力も得て、なんとか新工場を立ち上げ、納品することができました。

新工場の立ち上げを通じて、社長である父は経営者として凄いなと気付きました。いくら息子とはいえ、飯塚鉄工所に帰ってきてすぐに新工場を立ち上げるという、すごい巨額の投資をしたわけで、一歩間違えれば、会社全体に影響を及ぼしかねないようなことです。また、人工透析機器用ポンプの仕事は、当時のうちの会社にとって、新市場の開拓という意味で非常に重要な案件でした。そんな重要な案件を任せてくれたのです。私が天狗になって「こんなの簡単だから」などと言ったので、父がちょっと頭にきて「じゃあ、やってみろ」ということになった部分ももちろんあったとは思うのですが、父の経営者としての胆力というか決断力は凄いと思いました。飯塚鉄工所に帰ってきて、仕事をめぐって父とはいろいろとありました。しかし今では経営者の先輩として心から尊敬しています。この人工透析機器用ポンプは、うちの会社の事業の柱に成長していますし、私自身も一番成長した時期だったのではないかと思います。

立ち上げた新工場（安田工場）

3 東北大学の有名教授の研究室から一通のメールが届く

新工場が無事立ち上がって、人工透析機器に使うポンプ部品などの医療機器関連の受注も順調に増えてきた頃だったと思います。会社の代表メールに、東北大学の研究室から一通のメールが届きました。うちの加工技術に興味があるということで、すぐに柏崎までいらっしゃいました。伺うと、半導体製造分野の世界的権威である東北大学・大見忠弘教授（故人）の研究室の方で、全国の金属加工の会社を調べたが、大見研究室で新しく開発する真空ポンプのスクリューを加工できるところが見当たらない、うちの会社の加工技術ならできるんじゃないか、との御相談でした。ちょうどその頃は、ホームページやインターネットを使って、うちの会社の加工技術や保有設備をPRしていて、いろいろなところに営業をかけていたので、大見研究室のお目に留まったのではないかと思います。

そのときは大学との産学連携などやったことはなかったのですが、そのスクリューの図面を拝見して、金型加工に似ていたので、その当時導入した5軸のCNCマシンで削れるなと思いました。また、医療機器以外に、新工場の事業の柱をもう一つ作りたいと思っていた矢先でしたので、二つ返事でやりましょう！　ということになりました。これは笑い話ですけれど、後日、実際に3DのCAD/CAMで立体形状を見せてもらったときは、これはちょっと長丁場になるぞと正直身構えましたね。でもやると言った以上は、何とかやってやろうと思いました。私も技術者の端くれですから。

④ 研究開発資金は国の補助金を活用

2008年に真空ポンプのスクリューの開発をスタートさせて、大見先生のお眼鏡に適うスクリューが完成するまで結局6年かかりました。この間の研究開発費は、思っていた以上に掛かりましたが、大見研究室の研究員の方に紹介してもらった中小企業庁の**ものづくり補助金**[※1]や**サポイン事業**[※2]を活用させていただくことで、ある程度の部分を賄うことができました。このスクリューの開発には、さらに高精度の切削加工技術が必要であることが分かったので、ものづくり補助金を活用して、私が新しく考案したスクリューの加工方法を基に、大手工作機械メーカーと共同で6軸制御のCNC複合マシンを開発しました。このマシンを駆使して、不等ピッチスクリューの切削加工技術を確立することができました。

この切削加工技術の開発を行っていたところ、大見研究室の研究員の方から真空ポンプの研究開発を一緒にやらないかとのお誘いをいただきました。そこで初めて、我々の開発していたスクリューは、新型真空ポンプの心臓部にあたる部品であることが理解できたのです。新型真空ポンプの研究開発は、サポイン事業を活用しました。サポイン事業の提案書は、私と大見研究室の研究員の方で作成し、大見先生自らが添削してくださいました。公益財団法人にいがた産業創造機構に事業管理機関になっていただき、産学連携コーディネータの方にもアドバイスをいただいて、無事採択されました。サポイン事業実施期間は本当に大変でしたが、とても充実した3年間でした。この事業を通して、スクリューの高精度な加工技術を確立でき、加工時間も従来の1／10に短縮することに成功しました。新型真空ポンプの製造技術も確立し、特許も取得することができました。サポイン事業を通して、他社では簡単に真似できない技術を産学連携で獲得できたのではないかと思います。国の補助金は、よくバラマキではないかと言われることもありますが、我々中小企業にとっては、新事業への挑戦を後押ししてくれるような重要な役割を果たしてくれているのではないかと思います。

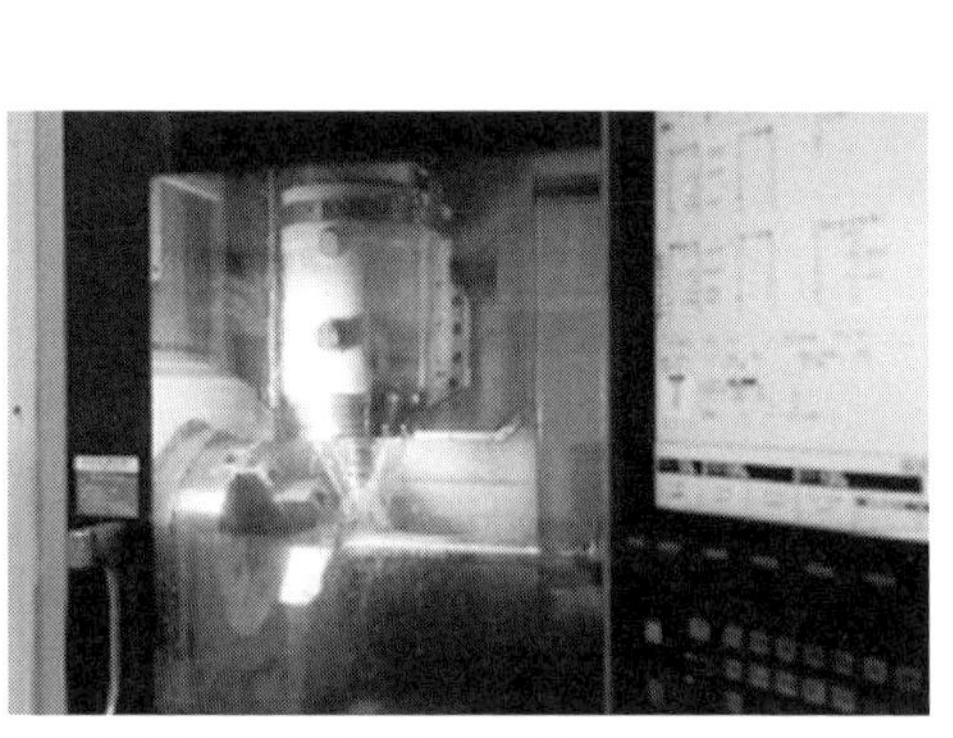
当社が開発した6軸制御のCNC複合マシン

※1　ものづくり補助金とは、中小企業等が取り組む革新的サービス開発・試作品開発・生産プロセスの改善を行うための設備投資等を支援する事業

※2　サポイン事業とは、経済産業省の戦略的基盤技術高度化支援事業のことで、ものづくり基盤技術の向上のために産学官連携で研究開発や試作品開発を行う事業

⑤ 大見先生と出会ったことが一番の財産

東北大学で、初めて大見先生とお会いしたとき、開口一番「お前が真空ポンプの削りをやっているのか。お前、できなかったら皇居の前で切腹だぞ、約束せい、俺は絶対に成功するまで止めないからな」と仰いました。もちろん大見研究室の研究員の方々から、半導体製造分野の世界的権威で、半導体素子メーカーのインテルを震え上がらせたほどの東北大学の大物教授であることは聞いていましたが、正直「なに？　この人？？」と思いました。大見先生は、どんなに暑い日でもネクタイと長袖のシャツと背広を着ていらっしゃり、腕をまくりあげて、迫力満点でそう言われるのですから驚きました。それだけこのプロジェクトに賭けていらっしゃったのだと思います。

産学連携プロジェクトがスタートし

て、何回もお会いしてみると、とても現場主義の方であることが分かりました。何度も柏崎に足を運んでくださり、熱心に指導してくださいました。大見先生がお亡くなりになられた後、いろいろな方にお聞きしましたが、一所懸命にやっている人にはいつでも優しく接し指導され、適当にその場限りでごまかそうとする人にはとても厳しかったそうです。サポイン事業の提案書を作成するときも、私や大見研究室の研究員の方の書いた提案書の素案を赤ペンで添削してくださいましたし、6軸制御のCNC複合マシンを開発するときも、大手工作機械メーカーに同行してくださって、そこの社長に熱弁して共同開発を説得してくださいました。工具を改良する必要があることが分かると、大手工具メーカーの上層部に直接電話して、工具の改良チームをうちの工場まで派遣してくれる段取りをしてくださいました。もの凄いパワーと熱意で、口だけでなく、本当に自分で動いて、プロジェクト全体を動かしてくださった方でした。このような世界トップクラスの研究者を目の当たりにして、世界のトップに立つためには、ここまでしなければならないんだと身近で勉強させてもらいました。サポイン事業での一番の宝は、大見先生と出会えたことだと思います。

東北大学
大見忠弘名誉教授（故人）

6 サポイン事業で得た切削加工技術が売上に大きく貢献

サポイン事業で、新型真空ポンプの製造技術を確立できて、特許も取得することができたのですが、実際にはシール部分に課題を残しており、解決できずに終わってしまいました。いろいろと改良を重ねたのですが、やはり油が漏れるという致命的な欠陥が残ってしまいました。

ちょうど改良を重ねていた頃に、私が社長に就任して、新工場だけでなく、会社全体をマネジメントしなければならなくなったのです。やはり社長になると、このプロジェクトだけに会社の労力や資金をかけられなくなりました。残念ながら、まだ新型真空ポンプの製品としては未完成なのですが、サポイン事業で得た切削加工技術が、今うちの売り上げに大きく貢献しています。

6軸制御のCNC複合マシンで切削加工する不等リードスクリューをいろいろな機会でPRしているとき、アメリカのポンプメーカーにLNG

用極低温ポンプの主要部品を直接売り込むチャンスを得ました。私も渡米して商談し、受注に成功して直取引ができるようになりました。今はこの実績を基に、TPP加盟国を中心にPRしているところです。その他にも大見先生からご紹介いただいた会社向けの半導体製造装置用ポンプの売上げも伸びていますし、国内の大手ポンプメーカーからもスクリュー部分だけの受注をいただくようになっています。

産学連携プロジェクトは、共同研究開発による新製品の開発という主たる目的以外にも、そこで得た知識や技術、大学の先生とのつながり、そこから広がった新しい顧客など、波及的な効果がかなりあると思います。新製品の開発がうまくいかなかったからといって簡単に諦めるのは勿体ないです。産学連携プロジェクトを通して、新しい事業を生み出すための何かを掴み取ってやろうという執念のようなものが重要なのではないかと思います。

アメリカのポンプメーカーから
受注したLNGポンプ用主要部品

⑦ 産学連携コーディネータの役割

東北テクノアーチの石山さんとは、うちの会社と東北大学の共同出願特許が複数あって、その関連で知り合いました。これらの特許のほとんどは、すでに公開されていましたから、今後の運用方針について相談したのが始まりです。そうしているうちに、石山さんにシンガポールの半導体装置メーカーから、「この特許に興味があります。実用化までどのくらい進んでいますか」という問い合わせがあったそうなのです。シンガポールの会社と、何回かメールでやり取りしているうちに、ライセンス交渉をすることになって、石山さんと私で、その会社の台北事務所に向かいました。

先方の要望は、これまでの全ての特許、ノウハウを有償で譲渡して欲しいというものでした。オファーされた金額も相当な額でした。しかし、我々の方針は、未完成であるシール部分の課題を先方と一緒に共同研究で解決したいというものでしたので、結局は断ったのですが、そのときの石山さんの先方との交渉の姿勢がすごく熱くて、とても頼もしく思いました。これまでもいろいろな産学連携コーディネータの方に出会ってきましたが、石山さんのような、中小企業の立場に立って熱い気持ちで交渉してくれる方は初めてでした。私はこんな産学連携コーディネータの方とこれからも一緒に仕事をしていきたいと思っています。

サポイン事業のときも他の産学連携コーディネータの方には、いろいろとお世話にはなりましたが、もっとシール部分の課題解決について積極的に動いて欲しかったです。研究開発や実験まで手伝って欲しいとは言いませんが、プロジェクトの中で、シール部分の課題は明確になっていたのですから、シール材に詳しい大学研究者を探し出すとか、シール材メーカーを連れてきて解決案を提示させるとかはできたはずです。事業管理機関としての事務処理レベルの支援しかしてくれなかったのは残念でした。産学連携コーディネータの方は、石山さんのような熱いハートを持って、困ったときに的確な道筋を示してくれる事業プロデューサ的な役割を担ってほしいと思います。

株式会社東北テクノアーチ

8　産学連携は目的ではなく手段

私の経験から言うと、私のように事業を承継する人が、実際の事業承継の前に、その会社の将来を見据えて、産学連携で新事業の創出をするということは、とてもいいことだと思います。産学連携は目的ではなく、新事業創出のための手段の一つですので、産学連携をすること自体を目的化するのではなく、産学連携という手段を使って、事業を承継する人が次の柱となる事業を見つけ出すということが重要だと思います。そこを勘違いしてはいけないです。

もし社長になってから「よし、産学連携をやろう！」ということになると、会社全体をマネジメントしなければならないので、なかなか本業以外に人やお金をかけるのは難しくなってきます。とくに、うちの会社のような規模になると、人材の代わりがいないのでちょっと難しいです。ですので、事業を承継する前に、大学の先生とのお付き合いや産学連携による新事業の創出などの経験をしておくことは、とてもいいことだと思います。

やはり事業承継というのは、長いスパンで考えるべきことだとは思うんです。その会社の歴史や風土を引き継ぎながら、先代が築いてくれた事業を次の世代にバトンタッチしていく。

自分の夢ばかり求めたら、絶対にうまくいきません。経営者の仕事というのは、さまざまな環境の変化に対応しながら、会社が進むべき航海図を描く仕事だと思うんです。舵を切るようなことは工場長がやったらいいのです。そういう意味では、産学連携も本業に結び付けて行う必要があると思います。全く違う分野に進出するのは危険です。

飯塚鉄工所は、祖父が始めた修理業から、法人化して60年以上の歳月を経ました。私は3代目社長として、祖父や父に感謝しつつ、先人が培った、時代の流れを読み、一歩先を行く最先端設備の導入と考え方を、これからもしっかりと受け継いでいきたいと思います。また、人とのご縁を大事にしながら、社訓である「挑戦・熱意・奉仕」の下、社員と一緒に飯塚鉄工所を発展し続ける会社にしたいと思っています。

飯塚鉄工所の従業員たち

エピローグ――産学連携のススメ

中小企業が、大学との産学連携において自社にはない経営資源を獲得し、新たな価値を創造するために、中小企業経営者は、どのような点を注視していく必要があるのでしょうか。本書の8社の経営者インタビューでのコメントと、20年以上にわたって大学と中小企業の産学連携に携わってきた筆者の経験を基に、「産学連携のススメ」をまとめることにしましょう。一言で言い表すことは難しいですが、大学との産学連携で新事業創出に成功している会社には、いくつかの共通点があると考えられます。これは、プロローグの**図表4**に示した、イノベーションに向けた具体的な取り組みの実施状況（2009年中小企業白書）のアンケート結果である「経営者のチャレンジ精神」「経営者による創意工夫」「経営者の素早い意思決定」などの回答とも関連するかもしれません。

本書で紹介する8社の中小企業経営者は、大学との産学連携や事業承継に真摯に取り組み、新たな価値を創造し、先代から受け継いだ会社をさらに成長させることに成功しました。中小企業経営者の皆さんやこれから産学連携を始めようとする方々にとって大きな道標になるでしょう。

それでは8つのまとめをみていきましょう。

1．経営者の信念と覚悟

中小企業が産学連携を始めるには、信念とある程度の覚悟が必要です。大学と産学連携をするだけでは、自然と新規事業につながるわけではなく、その間の研究開発などにかかる資金も必要だからです。佐々木化学薬品（CASE 6）は、父から受け継いだ薬品商社を研究開発型企業に変えるために、社長が先頭に立って産学連携をスタートさせました。京都大学の研究室に、若手の中核社員を長期間派遣しています。山科精器（ＣＡＳＥ７）では、会長の現状への危機感と会長自身の若い頃の病気の経験が、メディカル分野進出へ駆り立てる原動力となりました。会長は、新事業創出は執念だとも述べています。愛媛大学医学部との商品開発で、初めて産学連携を経験したアンミンピロー（ＣＡＳＥ３）の専務は、中途半端で終わるのではなく、最後までやりきることの重要性を説いています。このような経営者の姿勢が、大学の研究者や自社の社員に伝わり、新事業の創出などの産学連携の成功につながったのではないかと考えられます。また、先代の時代から大学との産学連携を取り組んできた渡辺化学工業（ＣＡＳＥ２）では、社内の文化として産学連携が根付いており、関連する学会への参加や大学の研究室への訪問が、日常的に行われているようです。産学連携を一時的なものにするのではなく、経営資源の一つとして捉えることが重要です。

2．中小企業向け補助金をうまく活用

頻繁に大学と産学連携を行っている中小企業は、国や都道府県の補助金をうまく活用しています。産学連携は、自社の研究開発費や大学への共同研究費など、ある程度長期的な投資が必要となりますが、国や都道府県の補助金をうまく活用すれば、これらの投資が軽減されます。圓井繊維機械（ＣＡＳＥ５）は、自社の強みを活かした新規事業の展開を検討していましたが、十分な資金がありませんでした。そこで産学連携コーディネータに相談し、経済産業省の戦略的基盤技術高度化支援事業（サポイン事業）を活用して、関西医科大学との共同研究をスタートさせました。マルノー物産（ＣＡＳＥ４）は、愛媛大学農学部と産学連携をスタートさせると同時に、中小企業庁ものづくり・商業・サービス生産性向上促進補助金を活用して、新たな飼料の試作開発を行っています。中小企業が産学連携を行う際に、国や都道府県の補助金をうまく活用することは、開発資金を補填する有効な手段の一つです。一方で、国や県の補助金は、

国の税金を原資としているため、証票管理や経理書類など適切な管理を行う必要があります。中小企業者のなかには、これらの経理処理にかなりの負荷がかかるという方もいますので、国や県の補助金の活用はこの点も考慮しておいたほうがよいでしょう。

3. 大学教授のネットワークや大学の最先端設備の利用も

大学との産学連携のメリットは、共同研究による新商品や新サービスの開発だけではありません。大学教授の幅広いネットワークから、新たな顧客の獲得に成功したり、自社では購入できないような大学の先端設備を安価で使用できたりするケースもあるようです。飯塚鉄工所（ＣＡＳＥ８）では、ある大手工作機械メーカーに新装置の開発を依頼する際、連携先の大学教授が同行して、一緒に説得してくれました。また、共同研究開発のなかで様々な問題が発生したときも、大学教授のネットワークでいろいろな方を紹介してもらい解決できました。佐々木化学薬品は、大学の最先端の研究設備を活用して、レベルの高い研究開発に取り組めたと述べていますし、渡辺化学工業も、地元の大学と連携を深めて、いつでも先端設備を使える関係を構築していきたいと考えているようです。大学と産学連携を行うことによって、大学側から新しいプロジェクトへの参画の打診があったり、大学と共同で研究開発成果を発表したりすることで、今までコンタクトできなかった企業から問い合わせがある可能性があります。中小企業にとって、産学連携には連携当初の目的以外にもメリットがあることを知っておいてほしいと思います。

4. 顧客ニーズを見極めて、産学連携を始める

大学研究者や産学連携コーディネータの誘いをそのまま真に受けて、すぐに産学連携をスタートさせることは極めて危険です。先ずはその産学連携の成果から生まれる新サービスや新商品について、本当に顧

客ニーズがあるかどうかを調査する必要があります。残念ながら、誘われるままに産学連携を始めてしまい、顧客ニーズのない商品を作ってしまったというケースをたくさん耳にします。山科精器は、医療機器の新製品開発を行うときには、普遍的なニーズを見つけ出すことを重視しています。一人の医師のニーズが必ずしも多くの医師や医療現場のニーズではないため、一人だけの医師の要望から新製品開発を始めるとビジネスとして成立することが難しいとのことです。渡辺化学工業では、学会などで面白そうな技術シーズを見つけても、すぐに研究者には声を掛けないそうです。まずは自社に持ち帰って、顧客ニーズ調査や社内の議論を経てから研究者にアプローチするそうです。その場ですぐに声を掛けてしまうと、研究者が前のめりになって、引くに引けなくなってしまうという理由からのようです。中小企業にとって、産学連携は新規事業を生み出す有効な手段ですが、顧客ニーズを見極めてからスタートすることが肝要です。佐々木化学薬品の社長は、名言を残しています。「産学連携は手段であり、産学連携を行うこと自体を目的としてはいけない。」これから産学連携を始めようとする中小企業の経営者は、このことを一番に覚えておいてほしいと思います。

5．産学連携には目に見えないメリットがある

先ほど、大学との産学連携には大学教授のネットワークや大学の最先端設備を使えるなどのメリットがあると述べましたが、それ以外にもさまざまな波及効果があるようです。佐々木化学薬品、オタフクホールディングス（CASE 1）、渡辺化学工業は、大学と産学連携を行うことによって、優秀な人材を採用できるようになったと述べています。それは、産学連携先の大学からの応募だけではないようです。大学との産学連携によって、自社のブランド価値や魅力が向上し、優秀な人材からの応募が増えたことが示唆されます。また、アンミンピローでは、産学連携によって社員が問題意識を持ち、常に自分で考えるようになったとのメリットが挙げられています。佐々木化学薬品、山科精器は、それぞれ京都大学、立命館大

学に若手の中核社員を研究員として派遣しましたが、その社員は自社に戻ってからもさらに成長を遂げ、山科精器では取締役として、佐々木化学薬品では経営者候補として現場を引っ張る存在になっているそうです。さらに飯塚鉄工所の社長は、半導体製造分野の世界的権威の大学教授と出会ったことが一番の財産であり、世界で戦う超一流の研究者から多くのことを学んだと述べています。このように大学との産学連携は、人材採用、社員教育、さらには経営者自身の人間的な成長にも大きな影響を与えていると考えられます。

6. 産学連携コーディネータや金融機関の役割

これから産学連携を行おうとしている方々にとって、大学はとても敷居が高く、近寄り難い存在だなと感じているかもしれません。大学は決してそのようなところでありませんし、産学連携コーディネータは、そのような皆さんの不安を消してくれる存在です。例えば、大学研究者に言いにくいことがあっても、産学連携コーディネータがうまく調整してくれることもあるでしょう。本書の8社の事例は、すべて何らかのかたちで産学連携コーディネータが関わっています。アンミンピローの専務は、最初は不安だったが、産学連携コーディネータが心の中の敷居を下げてくれたと述べています。ただし、コーディネータがうまく機能していない場合もあります。渡辺化学工業の社長は、産学連携コーディネータに対して、産学の間で何か問題が発生したときは、双方の仲を取りもつ調整役を担ってほしいと要望しています。飯塚鉄工所の社長は、産学連携コーディネータは、常に熱いハートを持て！　と檄を飛ばしています。中小企業にとって、産学連携コーディネータの良し悪しが産学連携の成否に大きく影響するかもしれません。また、オタフクホールディングスの社長は、地方の金融機関に対して、事業承継のまとめ役（バトラー機能）を果たしてほしいと要望しています。バトラー機能が中小企業の事業承継を円滑に進めることのできる手法であると述べています。産学連携では、コーディネータや金融機関の役割が非常に重要です。

7．成功のカギは、ワンチームをつくること

産学連携は、学として大学研究者、産として中小企業、そして産学の間を取り持つ産学連携コーディネータが関わります。価値観やバッググランドが異なる「産」と「学」では、往々にして、ボタンの掛け違いから、プロジェクトがうまく進まないケースも見受けられます。渡辺化学工業の社長は、産学連携で失敗する案件は、人間関係がこじれたケースが多いのではと分析しています。山科精器は、大学と産学連携をするときは、その大学研究者が最後まで責任を持ってやってくれる人かどうかを見極めているそうです。佐々木化学薬品も大学研究者の人柄を見極めることが成功のカギであると説いています。産学連携を成功に導くカギは、価値観やバッググランドが異なる「産」と「学」の相互の理解をいかに深めるかであると考えられます。

２０１９年ラグビーワールドカップでベスト8に進出した日本代表チームのように、大学研究者、中小企業、産学連携コーディネータが同じ方向を向いて、共通のゴールを目指す、すなわちワンチームになることが重要です。筆者はこれまで２８００件以上の産学連携プロジェクトに携わってきました。これまでの経験から分かったことですが、産学がうまく機能して、新製品・新サービスが上市まで進んだプロジェクトの成功要因は、決して技術レベルが高かったことではありません。ましてや有名な大学や研究者と産学連携を行ったからでもありません。大学研究者、中小企業、産学連携コーディネータがワンチームになったことこそが、上市まで辿り着いた最大の要因と言えるでしょう。

8．まずは一歩を踏み出そう

産学連携は、教科書やノウハウ本を読んでいるだけではあまり意味がありません。先ずはやってみることが大切です。これから産学連携を始める方々へのアドバイスとして、マルノー物産の社長は、食わず嫌いをせず、好奇心をもって産学連携にチャレンジしてみることが重要であると説いています。渡辺化学工業は、新しいものを好きになって、とりあえず首をつっこんでみることの重要性を強調しています。圓井繊維機械の社長は、先ずは始めてみた産学連携で自社の強みが見つかり、自社の進むべき道が明らかになったそうです。山科精器は、２００４年からメディカル事業進出のため産学連携をスタートさせて、今では第４の柱の事業として花開きつつあるそうです。本書で紹介する8社は、すべて一歩を踏み出して産学連携をスタートさせた事例です。中小企業の皆さんには、先ずは一歩踏み出されることを願っています。

神戸大学では、２０２０年12月9日から4回にわたって「中小企業経営者・後継人材のための連続講座：コロナ禍における次の一手の実現」というセミナーを開催しました。受講生である中小企業経営者の方からは、新型コロナウイルス感染症拡大を原因とする急激な売上減少と、その対応に非常に苦しんでいる様子を直接お聞きしました。コロナ禍である今こそ、中小企業経営者の皆さまには、大学との産学連携によって、自社にはない経営資源を獲得し、新たな価値を創造してほしいと願っています。わたしたちは、中小企業経営者の皆さまの味方です。産学連携でいっしょに新型コロナウイルスをふっとばしましょう！

【著者紹介】

坂井　貴行（さかい　たかゆき）　プロローグ，CASE 5, 6, 7, 8, エピローグ
神戸大学バリュースクール教授
神戸大学産官学連携本部副本部長（兼任）

1971年京都府生まれ。同志社大学文学部卒業，京都工芸繊維大学工芸科学研究科博士後期課程修了。博士（学術）。三菱自動車工業株式会社を経て，日本の産学連携・技術移転の黎明期である1998年から立命館大学にて同業務を始める。関西TLO株式会社・取締役，コーネル大学客員研究員，徳島大学教授 兼 株式会社テクノネットワーク四国・代表取締役社長，神戸大学大学院科学技術イノベーション研究科教授を経て現職。一貫して大学の科学技術の商業化による新事業創出に取り組み，これまでに2,800件以上の科学技術の商業化に関わった。内閣府，経済産業省，特許庁，神戸市などにおいて，産学連携・中小企業・ベンチャー・地方創生に関する有識者委員を務める。NHK四国羅針盤「どう育てる地方ベンチャー」，テレビ東京「ガイヤの夜明け」などに出演。

専門はテクノロジー・コマーシャライゼーション（科学技術の商業化）。


著書に『ケースブック 大学発ベンチャー創出のエコシステム』中央経済社（2020年），『産学連携学入門』産学連携学会（2016年）などがある。

忽那　憲治（くつな　けんじ）　CASE 1, 2, 3, 4
神戸大学大学院 経営学研究科教授
神戸大学大学院 科学技術イノベーション研究科教授（兼任）

1964年，愛媛県生まれ。1983年，愛媛県立松山東高等学校卒業。1989年，大阪市立大学商学部卒業。1994年，大阪市立大学大学院経営学研究科後期博士課程修了。博士（商学）。

大阪市立大学経済研究所専任講師，助教授，神戸大学大学院経営学研究科助教授を経て，2005年より現職。㈱科学技術アントレプレナーシップの取締役（共同創業者），㈱イノベーション・アクセルの取締役（共同創業者）も務めている（https://www.innovation-accel.jp）

また，近畿経済産業局「関西ベンチャーサポーターズ会議」の座長として，関西のベンチャーエコシステムの全国への発信にも取り組んでいる。

専門は，アントレプレナーファイナンス，アントレプレナーシップ。

Journal of Finance, Journal of Financial Economics, Review of The Financial Studies, The Journal of Corporate Finance, Journal of Banking and Finance などの海外トップジャーナルに論文多数。


著書に，『アトツギよ！　ベンチャー型事業承継でカベを突き破れ！』中央経済社（2019年），『地域創生イノベーション』中央経済社（2016年），『アントレプレナーシップ入門』有斐閣（2013年），『MBAアントレプレナーファイナンス入門』中央経済社（2013年）などがある。

ファミリービジネスのための産学連携のススメ

2021年10月1日　第1版第1刷発行

著　者　坂井貴行
　　　　忽那憲治
発行者　山本継
発行所　㈱中央経済社
発売元　㈱中央経済グループパブリッシング
〒101-0051　東京都千代田区神田神保町1-31-2
電話　03（3293）3371（編集代表）
　　　03（3293）3381（営業代表）
https://www.chuokeizai.co.jp
印刷／文唱堂印刷㈱
製本／㈲井上製本所

ISBN978-4-502-39461-4　C3034